EMERGÊNCIAS PSIQUIÁTRICAS
Uma abordagem psicanalítica

COLEÇÃO "CLÍNICA PSICANALÍTICA"
TÍTULOS PUBLICADOS

1. Perversão — Flávio Carvalho Ferraz
2. Psicossomática — Rubens Marcelo Volich
3. Emergências Psiquiátricas — Alexandra Sterian
4. Borderline — Mauro Hegenberg
5. Depressão — Daniel Delouya
6. Paranoia — Renata Udler Cromberg
7. Psicopatia — Sidney Kiyoshi Shine
8. Problemáticas da Identidade Sexual — José Carlos Garcia
9. Anomia — Marilucia Melo Meireles
10. Distúrbios do Sono — Nayra Cesaro Penha Ganhito
11. Neurose Traumática — Myriam Uchitel
12. Autismo — Ana Elizabeth Cavalcanti / Paulina Schmidtbauer Rocha
13. Esquizofrenia — Alexandra Sterian
14. Morte — Maria Elisa Pessoa Labaki
15. Cena Incestuosa — Renata Udler Cromberg
16. Fobia — Aline Camargo Gurfinkel
17. Estresse — Maria Auxiliadora de A. C. Arantes / Maria José Femenias Vieira
18. Normopatia — Flávio Carvalho Ferraz
19. Hipocondria — Rubens Marcelo Volich
20. Epistemopatia — Daniel Delouya
21. Tatuagem e Marcas Corporais — Ana Costa
22. Corpo — Maria Helena Fernandes
23. Adoção — Gina Khafif Levinzon
24. Transtornos da Excreção — Marcia Porto Ferreira
25. Psicoterapia Breve — Mauro Hegenberg
26. Infertilidade e Reprodução Assistida — Marina Ribeiro
27. Histeria — Silvia Leonor Alonso / Mario Pablo Fuks
28. Ressentimento — Maria Rita Kehl
29. Demências — Delia Catullo Goldfarb
30. Violência — Maria Laurinda Ribeiro de Souza
31. Disfunções Sexuais — Cassandra Pereira França
32. Tempo e Ato na Perversão — Flávio Carvalho Ferraz
33. Transtornos Alimentares — Maria Helena Fernandes
34. Psicoterapia de Casal — Purificacion Barcia Gomes e Ieda Porchat

35. Consultas Terapêuticas — Maria Ivone Accioly Lins
36. Neurose Obsessiva — Rubia Delorenzo
37. Adolescência — Tiago Corbisier Matheus
38. Complexo de Édipo — Nora B. Susmanscky de Miguelez
39. Trama do Olhar — Edilene Freire de Queiroz
40. Desafios para a Técnica Psicanalítica — José Carlos Garcia
41. Linguagens e Pensamento — Nelson da Silva Junior
42. Término de Análise — Yeda Alcide Saigh
43. Problemas de Linguagem — Maria Laura Wey Märtz
44. Desamparo — Lucianne Sant'Anna de Menezes
45. Transexualismo — Paulo Roberto Ceccarelli
46. Narcisismo e Vínculos — Lucía Barbero Fuks
47. Psicanálise da Família — Belinda Mandelbaum
48. Clínica do Trabalho — Soraya Rodrigues Martins
49. Transtornos de Pânico — Luciana Oliveira dos Santos
50. Escritos Metapsicológicos e Clínicos — Ana Maria Sigal
51. Famílias Monoparentais — Lisette Weissmann
52. Neurose e Não Neurose — Marion Minerbo
53. Amor e Fidelidade — Gisela Haddad
54. Acontecimento e Linguagem — Alcimar Alves de Souza Lima
55. Imitação — Paulo de Carvalho Ribeiro
56. O tempo, a escuta, o feminino — Silvia Leonor Alonso
57. Crise Pseudoepiléptica — Berta Hoffmann Azevedo
58. Violência e Masculinidade — Susana Muszkat
59. Entrevistas Preliminares em Psicanálise — Fernando José Barbosa Rocha
60. Ensaios Psicanalíticos — Flávio Carvalho Ferraz
61. Adicções — Decio Gurfinkel
62. Incestualidade — Sonia Thorstensen
63. Saúde do Trabalhador — Carla Júlia Segre Faiman
64. Transferência e Contratransferência — Marion Minerbo
65. Idealcoolismo — Antonio Alves Xavier
Emir Tomazelli

Coleção Clínica Psicanalítica
Dirigida por Flávio Carvalho Ferraz

EMERGÊNCIAS PSIQUIÁTRICAS
Uma abordagem psicanalítica

Alexandra Sterian

© 2001, 2013 Casapsi Livraria e Editora Ltda.
É proibida a reprodução total ou parcial desta publicação, para qualquer finalidade,
sem autorização por escrito dos editores.

1ª Edição	2000
2ª Edição	2002
3ª Edição	2003
4ª Edição	2007
5ª Edição	2013
Diretor Geral	Ingo Bernd Güntert
Gerente Editorial	Fabio Alves Melo
Coordenadora Editorial	Marcela Roncalli
Adaptação Ortográfica	Cristiane de Paula Finetti Souza
Diagramação	Carla Vogel
Projeto Gráfico da Capa	Yvoty Macambira

Dados Internacionais de Catalogação na Publicação (CIP)
Angélica Ilacqua CRB-8/7057

Sterian, Alexandra
  Emergências psiquiátricas: uma abordagem psicanalítica /
  Alexandra Sterian. - São Paulo : Casa do Psicólogo, 2013.
  5. ed. - (Coleção clínica psicanalítica / dirigida por Flávio
  Carvalho Ferraz).

Bibliografia
ISBN 978-85-7396-076-1

1.Emergências Psiquiátricas 2. Intervenção em crises
  (Psiquiatria) 3. Medicina Psicossomática 4. Psicanálise.
  I. Título II. Ferraz, Flávio Carvalho III. Série

12-0336	CDD 616.89025

Índices para catálogo sistemático:
1. Emergências Psiquiátricas

Impresso no Brasil
Printed in Brazil

*As opiniões expressas neste livro, bem como seu conteúdo, são de responsabilidade de seus autores,
não necessariamente correspondendo ao ponto de vista da editora.*

Reservados todos os direitos de publicação em língua portuguesa à

Casapsi Livraria e Editora Ltda.
Rua Simão Álvares, 1020
Pinheiros • CEP 05417-020
São Paulo/SP – Brasil
Tel. Fax: (11) 3034-3600
www.casadopsicologo.com.br

Sumário

Agradecimentos 11

1 - Introdução 13

2 - Emergência e urgência 17
    "Caso Ricardo" 18

3 - As emergências na abordagem psiquiátrica 23
    I. Crise de agitação aguda..24
    "Caso Maria"...26
    II. Crise depressiva aguda..29
    III. Crise aguda de angústia neurótica..31

4 - Indicações..35
    A terapia na emergência, como prevenção 38
    "Caso Solange" 38
    "Caso Solange" – parte 2 41
    "Caso Solange" – parte 3 43
    "Caso Clara" 44
    "Caso Clara" – parte 2 50
    A terapia na emergência, como tratamento 54

8   COLEÇÃO "CLÍNICA PSICANALÍTICA"

"Caso Jeferson" 57

"Caso Jeferson" – parte 2 58

O enquadre na terapia de emergência 60

"Caso Ricardo" – parte 2 61

5 - APROXIMAÇÃO MÉDICA E APROXIMAÇÃO PSICANALÍTICA DO DOENTE EM CRISE 69

A escuta da subjetividade 69

"Caso João" 73

O corpo enquanto portador de sintomas psíquicos 75

"Caso Sueli" 77

"Caso Sueli" – parte 2 79

As atuações de conflitos e recusas 80

6 - A ESCUTA DA HISTÓRIA NAS EMERGÊNCIAS 85

A escuta do paciente na emergência 85

"Caso Ricardo" – parte 3 86

A escuta da família na emergência 87

"Caso Ricardo" – parte 4 94

"Caso Ricardo" – parte 5 98

7 - A QUESTÃO DO SUICÍDIO 99

"Caso Ricardo" – parte 6 102

EMERGÊNCIAS PSIQUIÁTRICAS: UMA ABORDAGEM PSICANALÍTICA 9

8- ESTRATÉGIAS DE INTERVENÇÃO 107

Técnicas de intervenção...107

"Caso Clara" – parte 3 107

"Caso Erika" 110

"Caso Erika" – parte 2..112

Objetivos e duração do tratamento..114

Condutas fundamentais na terapia de emergência 117

A transferência na situação de crise 119

"Caso João" – parte 2 121

A utilização da contratransferência na terapia de emergência ...125

A transferência na instituição, na situação de emergência.........128

"Caso João" – parte 3 129

REFERÊNCIAS BIBLIOGRÁFICAS 133

Agradecimentos

Escrever um livro sobre Psicanálise, para mim, é uma tarefa muito parecida com sua prática. É necessário, primeiro, estudar muito e se estudar muito. Depois, deve-se extrair, desse estudo, aquilo que faça mais sentido em relação à própria experiência prática, à própria clínica. A última tarefa é a de destacar a teoria que reflita, com mais consistência, os mecanismos que se chega a desvendar, do funcionamento psíquico dos pacientes e do próprio funcionamento mental.

Oferecendo, a seguir, este material à leitura daqueles que, suficientemente distanciados dele para poderem fazer uma supervisão, conseguem mostrar-nos brechas no entendimento, lapsos de linguagem ou "contratransferências" com relação a determinadas ideias, podemos rever nossa escrita sob outros prismas. Isso se passa da mesma forma como acontece quando pedimos uma escuta de um caso a um supervisor clínico.

A esses que assim "escutaram" meu texto, deixo aqui meu registro de gratidão:

– À Profª Drª Edith Seligmann-Silva, cuja orientação profissional vem semeando e cultivando meu pensar psicanalítico, humano e social, cuja amizade vem gerando os melhores frutos que alguém pode colher, ao longo de mais de três décadas e, sem cujos preciosos incentivos, observações, gana de ensinar e instigação à escrita, este trabalho não teria sido realizado.

– Ao Prof. Dr. Mario Pablo Fuks, cujo saber psicanalítico iluminou meu pensar clínico e com quem aprendi o sentido mais profundo da palavra "democracia", em nossos trabalhos em grupos e em instituições.

– A Suzana Ricco Panzoldo, psicanalista, cuja amizade e parceria de tantos anos e de tantos trabalhos conjuntos contribuíram no atendimento e no entendimento de alguns dos casos relatados neste escrito.

– A Augusto José Braga de Andrade, cuja paciência e sabedoria de vida permitiram que eu dedicasse meu tempo a este projeto.

– A Flávio Carvalho Ferraz, que me ofereceu a condição para a publicação deste escrito.

Finalmente, mas por princípio, e porque foi por meio deles que estas páginas se viabilizaram, meu muito obrigada a todos os pacientes, que tanto me ensinaram e, principalmente, àqueles cuja permissão em relatar suas histórias possibilitou com que se ilustrasse a teoria aqui exposta.

1.

Introdução

Uma parte deste texto foi escrita, originalmente, para uma apostila que foi usada como apoio de discussão, em uma jornada que organizei no Departamento de Psicanálise do Instituto Sedes Sapientiae de São Paulo, em 22 de fevereiro de 1997.

Trabalharam comigo, nessa jornada, a Drª. Ana Lucia Amoratti de Mattos – Psiquiatra e Psicanalista, com quem elaborei o programa e discuti a apostila, e que coordenou, também, dois grupos de discussão – e a Drª Maria Beatriz Costa Carvalho – Psicanalista e coordenadora de um dos seminários que ocorreram.

Aquela jornada destinava-se a oferecer, aos profissionais que atuam em Saúde, a possibilidade de conhecer outro tipo de abordagem das situações de emergências psiquiátricas, para além dos tradicionais tratamentos psiquiátricos, clínicos ou farmacológicos.

A partir de experiências pessoais e pesquisas teórico-clínicas, discutimos a utilização de técnicas de base psicanalítica para a intervenção em ocorrências, tais como tentativas de suicídio, crises de agitação psicomotora, estados delirantes e alucinatórios, estados confusionais, estados pós-traumáticos, crises de angústia etc.

Pensamos em como essa abordagem pode dar-se em espaços não usuais aos atendimentos *psi*: enfermarias de hospitais gerais, ambulatórios, pronto-socorro, interconsultas junto a especialistas de outras áreas, atendimentos domiciliares, entre outros.

Recebemos, entre os alunos, psicólogos, psiquiatras, psicanalistas, assistentes sociais, terapeutas ocupacionais, enfermeiros e médicos de várias especialidades. A partir dessa diversidade de formação no grupo que se constituiu, tanto no que concerne ao campo de atividade quanto ao tempo desde a graduação, ocorreram interessantes discussões que me levaram a pensar a respeito da importância dessas questões para profissionais que não atuam diretamente na área de Saúde Mental.

Ficou patente, então, que, na maior parte das vezes, não são aqueles que se preparam para trabalhar no campo psicológico os primeiros a terem de atender às pessoas que apresentam um distúrbio emocional agudo. Estas situações, geralmente, caem nas mãos de médicos de várias especialidades, como plantonistas de pronto-socorro, clínicos gerais, cardiologistas, cirurgiões, pediatras etc. Em instituições que têm equipe multiprofissional, são os enfermeiros ou os assistentes sociais que, frequentemente, são convidados a responder a esse tipo de demanda.

Foi, naquele momento, imbuída dessa constatação, que comecei a elaborar o projeto de escrever um texto simples, com uma terminologia acessível para qualquer tipo de formação em Saúde, que pudesse oferecer uma compreensão clara da teoria e algumas diretrizes práticas para a intervenção em situações de crise emocional.

Aproveitando, assim, parte daquele material da apostila, acrescentei as explicações que se fizeram necessárias nas discussões daquela jornada e algumas outras considerações que me ocorreram desde então. Espero conseguir transmitir algumas ideias que me parecem valiosas para todos aqueles que atendem na esfera da Saúde, que, invariavelmente, vão acabar se deparando, direta ou indiretamente, com essas questões em seu cotidiano.

2.

Emergência e urgência

O termo *urgência* provém do latim *urger*, que significa urgir, estar iminente; perseguir de perto; tornar imediatamente necessário; exigir; conclamar; instar; não permitir demora.

Emergência, também originário do latim *emergere*, refere-se à ação de emergir, sair de onde estava mergulhado; mostrar-se; situação crítica, acontecimento perigoso ou fortuito.

A emergência é, portanto, aquilo que emerge, que dá tempo, que deverá ser tratado adequadamente para que não se transforme em urgência.

Na prática, o limite entre urgência e emergência fica borrado. A angústia que nos mostra um paciente ou um familiar diante de uma situação que ultrapassou seu limiar de contenção evidencia a necessidade de uma intervenção imediata.

A demanda geralmente provém de uma percepção, de um ato ou da "explosão" de um quadro que o paciente avalia ou exterioriza como urgente. Essa situação deriva, na maioria das vezes, para a área familiar e, depois, estende-se ao social. É um acontecimento que altera inicialmente o grupo primário, tanto em sua dinâmica quanto em suas relações interpessoais, chegando ao ponto de precisar recorrer à intervenção de um profissional, na busca de soluções.

"Caso Ricardo"

Tudo parecia correr bem na vida de Ricardo. Era o primeiro filho de uma família de origem humilde, que migrou para São Paulo em busca de melhores condições de vida. Seu pai, trabalhando arduamente como empreiteiro de obras, conseguiu alcançar uma situação econômica confortável. Apesar de semianalfabeto, Sr. Raimundo edificou um patrimônio considerável. Em um amplo terreno que comprou, construiu uma grande casa para si e para seus filhos e outras para irmãos, tios e primos que foram sendo trazidos do Nordeste por ele e com o qual passaram a trabalhar.

Não há nada de novo ou espantoso nessa história, tão comum em nosso meio. Sua marca particular talvez seja a do grande sucesso material. À custa do trabalho e da determinação de um homem, vários membros de uma família mudaram radicalmente seus padrões de vida. De posseiros e trabalhadores rurais, que mal conseguiam ganhar o suficiente para sobreviver, passaram a empresários (Sr. Raimundo abriu uma construtora), diretores e gerentes de empresa.

Nesse quadro de família de classe média alta, Ricardo possuía tudo o que queria. Em sua suíte, tinha aparelho de som, TV, vídeo... Quando desistiu de estudar, aos 14 anos de idade, resolveu que seria atleta. Seu pai mandou construir um salão de ginástica na casa, com todos os equipamentos que uma academia deve ter. Ricardo usou esse espaço meia dúzia de vezes...

Frequentava os lugares da moda para adolescentes e tinha seu grupo de amigos. Não se sentia, porém, satisfeito. Queria ter um carro. O fato de seus pais lhe "emprestarem" os seus para sair não bastava. Assim, aos 16 anos de idade, ganhou seu próprio automóvel.

Poucas semanas depois, Ricardo era trazido ao hospital psiquiátrico, recém-saído de uma internação em clínica cirúrgica, na qual foram tratados os ferimentos que sofreu ao se acidentar com o veículo que tinha acabado de ganhar.

Freud considera o ato de acidentar-se como falho. Seria uma manifestação autopunitiva da tendência à aniquilação total ou parcial. Com ciladas permanentes, o indivíduo sabe explorar com habilidade um risco mortal. Mascara como um infortúnio do destino aquilo que tira de uma situação externa, que se oferece por casualidade, ou ajuda, inclusive, a criá-la, até alcançar o efeito daninho desejado (Lemos & Russo, 1994, p. 65).

> Nos casos mais graves de psiconeuroses, os ferimentos autoinfligidos ocasionalmente aparecem como sintomas patológicos e, nesses casos, nunca se pode excluir o suicídio como um possível desfecho do conflito psíquico. Sei agora, e posso provar com exemplos convincentes, que muitos ferimentos aparentemente acidentais sofridos por esses

doentes são, na realidade, lesões autoinfligidas. Acontece que uma tendência à autopunição, que está constantemente à espreita e comumente se expressa na autocensura ou contribui para a formação do sintoma, tira hábil partido de uma situação externa oferecida pelo acaso, ou contribui para sua criação até que se dê o efeito lesivo desejado. (Freud, 1901, capítulo VIII)

A emergência não se limita, portanto, aos momentos de crise. Estende-se aos períodos que a precedem e aos que lhe são consecutivos. Muitas vezes, só temos acesso ao paciente do instante da irrupção da crise em diante. As tentativas de suicídio são os eventos que melhor exemplificam esse fato. São os de maior incidência entre os atendimentos que se iniciam em hospitais gerais e, depois, demandam uma atenção psicológica. Eles nos lembram, também, que as emergências psíquicas podem implicar o corpo e vice-versa.

Os eixos pelos quais temos de nos nortear são, portanto, a urgência do corpo e a urgência do sujeito. Não é porque um profissional se especializou no tratamento das afecções psíquicas que ele deve se esquecer que o indivíduo ao qual atende tem um corpo, que também pode estar com algum tipo de sofrimento.

São padecimentos orgânicos que, amiúde, desencadeiam mal-estar psíquico ou lhe estão, direta ou indiretamente, ligados. Doenças neurológicas, cardiovasculares, endócrinas e infecciosas, entre outras, produzem, frequentemente, sintomas psíquicos. Uma *angina pectoris* (dor no peito, prenúncio de um possível infarto no miocárdio) pode causar em um indivíduo uma terrível depressão ou, ao contrário, uma reação maníaca de negação da ameaça a sua integridade física, a sua vida.

Crises de angústia, por exemplo, podem, por outro lado, precipitar a formação de uma gastrite ou de uma úlcera, provocar um infarto ou um acidente vascular cerebral ("derrame"). A angústia também pode ser o primeiro sinal de uma descompensação física. Às vezes, porém, é o único sintoma que se apresenta. E, atualmente, uma crise de angústia pode ser rapidamente confundida com uma "síndrome do pânico"...

É quase sempre impossível precisar até que ponto a urgência é psíquica e até que ponto é orgânica. Daí a necessidade de, como regra geral, considerar-se todos esses casos como urgência vital. Faz-se necessário, portanto, diagnosticar com rapidez tanto as afecções somáticas quanto as psíquicas e descobrir suas influências recíprocas. Umas e outras podem manifestar-se, mais explicitamente, por meio de um estado psiquiátrico agudo.

O diagnóstico orgânico, geralmente, é fácil, graças a outros sintomas físicos presentes, à apurada escuta clínica e à colheita do histórico pregresso do paciente. Não é raro, porém, que internações ou tratamentos psiquiátricos sejam indicados para indivíduos acometidos de distúrbios da tiroide, tumores cerebrais ou graves hipertensões arteriais. Acontece, também, de uma crise histérica eventualmente ser tratada como se fosse uma doença neurológica, cardíaca ou pulmonar. É, portanto, vital, em caso de dúvida, pedir a avaliação de colegas de outras especialidades.

3.

AS EMERGÊNCIAS NA ABORDAGEM PSIQUIÁTRICA

A Psiquiatria, sendo uma especialidade médica, tende a procurar por sinais e sintomas que indiquem um desvio da normalidade, uma alteração orgânica ou funcional. Ocupa-se do fenômeno visível, padronizável segundo parâmetros preestabelecidos daquilo que, naquela época e naquela cultura, é considerado adequado, correto ou sadio.

Essa é uma visão parcial, por levar pouco em consideração os motivos individuais da aparição desses sintomas. Foi dessa maneira, contudo, que a Psiquiatria construiu sua nosologia (classificação de patologias), o que lhe assegurou um caráter de Ciência Médica.

Por colocar em questão justamente essa forma de abordagem dos transtornos psíquicos, Freud começou a desenvolver suas teorias sobre a subjetividade. Conhecer a classificação psiquiátrica é, portanto, fundamental, até hoje, para quem se propõe a trabalhar na área da Saúde. Conseguir identificar adequadamente um sintoma psíquico, em sua distinção ou em sua correlação com um sintoma orgânico, ainda é o primeiro passo a ser dado no atendimento, principalmente nas situações de emergência.

Vejamos, então, como o *Manual de psiquiatria* de Ey, Bernard & Brisset (1981) classifica as urgências psiquiátricas.

I. Crise de agitação aguda, *que pode estar relacionada com:*

1. Crise de MANIA AGUDA: excitação motora, exaltação psíquica, fuga de ideias[1], logorreia [falar em excesso, incontinência de linguagem], injúrias, [...], conhecimento de crises anteriores.

2. EPISÓDIO CONFUSO-ONÍRICO ALCOÓLICO: fácies vultuoso [congestão da face] e coberto de suor, agitação incessante, tremor, atividade febril, reação de fuga frente a um onirismo[2] terrorífico, [...] insônia, febre, desidratação. As formas graves constituem o *delirium tremens.*

---

[1] Fuga de ideias, refere-se a uma enunciação contínua e rápida, onde muitas vezes o raciocínio é apresentado de forma incompleta, sem pausas e, frequentemente, sem uma aparente correlação entre as ideias expressas.

[2] Onirismo é um estado no qual o indivíduo, apesar de estar em vigília (acordado), se encontra absorvido em sonhos, fantasias, delírios ou alucinações.

3. ESTADOS CONFUSO-ONÍRICOS não alcoólicos, causados por: enfermidades infecciosas (comuns em crianças), síndromes meníngeas, intoxicações (tóxicos, barbitúricos etc.).

> A intoxicação aguda por tóxicos merece menção especial devido ao aumento de [sua] incidência e da orientação terapêutica que se deve tomar. Se se trata de *heroína** intravenosa (examinar o braço), a urgência pode ser vital pelos transtornos vegetativos e sobretudo respiratórios; o indivíduo deverá ser encaminhado rapidamente a um serviço de reanimação. Se se trata de *haxixe*, de *LSD* ou de *mescalina*, o quadro é o de um episódio de agitação onirodelirante aguda, muito breve, com alucinações visuais (sobretudo com LSD), hiperatividade e agressividade; quando for possível o enfermo deverá ser encaminhado a um centro especializado [...] (Ey, Bernard & Brisset, 1981, p. 1057)

Quando falamos em tóxicos, devemos lembrar, também das drogas lícitas. Psiquiatras e médicos de todas as outras especialidades prescrevem, cada vez mais, medicamentos neurotrópicos[3]. Este fato tem elevado a ocorrência de crises de agitação, consequentes de intoxicações, graves efeitos colaterais ou mesmo pela ação esperada do remédio. A impregnação

---

* Todos os grifos que aparecem nas citações, ao longo deste livro, são dos autores das respectivas citações.

[3] Medicamentos de ação no sistema nervoso central.

neuroléptica (parkinsonismo) é o efeito adverso mais comum do uso de antipsicóticos**. Vemos também, a miúde, agitação causada por indicação inadequada de antidepressivos e tranquilizantes menores (calmantes). Estes são alguns dos muitos quadros consequentes ao uso de drogas lícitas.

Convém, em caso de dúvida, suspender o medicamento suspeito de provocar o resultado inadequado. Deve-se, então, observar cuidadosamente o paciente, até que a substância tenha sido completamente eliminada do organismo. No caso de antidepressivos, isso pode levar mais de duas semanas. Para essas pessoas, particularmente, deve-se calcular o risco de suicídio inerente ao seu possível estado psíquico "de base" (sem o efeito do remédio). Detenho-me, adiante, nesta questão.

"Caso Maria"

Maria, uma jovem de 25 anos de idade, veio encaminhada por sua analista, que estranhava a confusão mental que essa paciente apresentava. Estudante de pós-graduação em Letras, sempre fora uma aluna destacada. Nos dois últimos anos, porém, a paciente vinha perdendo sua capacidade de estudo, memorização e concentração. Queixava-se de não conseguir mais acompanhar as aulas na Faculdade e, muito menos, de preparar sua defesa de tese. O

** Esse tipo de ocorrência foi lembrada por uma psiquiatra, trabalhadora de saúde mental, em um ciclo de conferências que proferi, no Fórum de Saúde Mental do Recife, sobre Emergências Psiquiátricas, em março de 2007.

prazo para sua conclusão estava assustadoramente próximo e Maria ficava cada dia pior.

Sua analista contou-me que, ao iniciar o trabalho com essa moça, pensava tratar-se de um caso comum de neurose de angústia, agudizado pela demanda intelectual à qual a paciente estava sendo submetida em seu mestrado. No decorrer do tratamento, porém, a terapeuta foi ficando preocupada com a crescente desorganização psíquica de sua analisanda. Maria chegou, em determinado momento, a esquecer o caminho da própria casa...

Em sua primeira consulta comigo, contou que eu era a segunda psiquiatra que consultava. Vinha sendo tratada por outro médico, que também cuidava de seu pai, que tinha, há muitos anos, importantes crises depressivas, motivo pelo qual tomava grandes quantidades de medicamentos.

Maria apresentava um rebaixamento do nível de consciência, nessa ocasião. Sua linguagem estava quase ininteligível. "Enrolava a língua". Tremia. Agitava-se, fazendo imenso esforço para se manter desperta durante a consulta. Disse estar sob efeito de um neuroléptico (indicado, normalmente, para tratamento de esquizofrenia), dois antidepressivos, um ansiolítico (calmante) e um hipnógeno (remédio para dormir). Perguntou-me se seria internada em manicômio, como acontecera várias vezes com seu pai.

A paciente fora consultar o psiquiatra de seu pai por insistência de sua mãe, quando começou a ficar nervosa, durante a candidatura ao mestrado. Acabava, na época, de romper um namoro de três anos e seu pai estava internado em hospital psiquiátrico.

Maria negou ter tido, em qualquer momento de sua vida, sinais de psicose (delírios, alucinações,...). Não constavam, tampouco, em seu histórico, quaisquer indícios de depressão maior. Foi só depois de começar a tomar psicotrópicos que sua "cabeça parou de funcionar direito". Meu colega iniciou seu tratamento com um antidepressivo. Maria passou a não conseguir dormir bem. O médico prescreveu, então, um hipnótico. A paciente ficava embotada e ensimesmada durante o dia. Não conseguia se concentrar e a memória começou a falhar. Não tinha disposição para sair, falar com as pessoas ou fazer os questionamentos de que sempre gostara durante as aulas. Seu psiquiatra indicou mais um antidepressivo. Como ela não melhorava, ele passou um neuroléptico e um ansiolítico. Maria deixou de frequentar a faculdade. Quase não podia sair da cama. Tremia e "babava". Ficou com vergonha de ser vista neste estado pelos colegas e professores...

Comecei suspendendo um dos antidepressivos e o neuroléptico. Duas semanas depois, Maria já conseguiu voltar às aulas. Continuava sonolenta. Retirei, então, o outro antidepressivo e o hipnótico. Ao final de dois meses, Maria pediu para parar de tomar, também, o ansiolítico. Ficamos, ao longo desse período, nos vendo ou falando ao telefone, de início, todos os dias, espaçando, aos poucos as consultas, até decidirmos que seguiria apenas com sua análise. Ela precisava, ainda, entender porque, aos 25 anos de idade, submetia-se cegamente aos desígnios da mãe e de um psiquiatra...

Voltando à classificação das crises de agitação aguda, temos ainda:

4. PSICOSE DELIRANTE AGUDA: agitação, juízos e ideias delirantes [crenças dissociadas da realidade], atividade alucinatória [percepções desconexas da realidade], agressividade, desconfiança, angústia ou euforia.

5. Crise de AGITAÇÃO DOS ESQUIZOFRÊNICOS: contato difícil, linguagem impenetrável [ininteligível, em seu conteúdo], hipercinesia [aumento exagerado da motricidade], discordância, risos, estereotipias[4], violências impulsivas.

6. Estado de FUROR EPILÉPTICO: paroxismo[5] brutal do epiléptico, com violência cega, confusão e amnésia [perda de memória] consecutiva [à crise].

II. Crise depressiva aguda

A crise depressiva aguda seria identificável a partir de sintomas, tais como agitação ansiosa, choro, gemidos, expressões de culpa, inibição. Se houver ausência de toda atividade psicomotora, pode caracterizar-se o estado de *estupor*. Este pode ser de natureza melancólica, confusional, esquizofrênica ou neurótica.

---

[4] Estereotipias são movimentos parasitas que deformam, sobrecarregam ou substituem os movimentos normais. São distúrbios motores, verbais ou gráficos repetidos de forma interminável.

[5] Paroxismo refere-se à maior intensidade de um acesso, de uma crise.

Nesse caso, o diagnóstico diferencial de urgência é muito mais difícil. Faz-se necessária uma observação mais prolongada. Convém realizar uma avaliação mais cuidadosa para evitar um risco de suicídio iminente*.

> Ainda que seja clássico classificar-se o desejo de morte do *melancólico* como desejo 'mais autêntico' e certamente o mais intenso, e como inconsistente o suicídio do *neurótico* ou da *depressão reativa*[6], o verdadeiro problema do médico não é tanto o de valorizar a autenticidade, e sim a intensidade do desejo de morrer e, por conseguinte, do desejo de viver, para evitar a passagem ao ato. (J. L. Auber, 1971)

> O diagnóstico de melancolia nem sempre é evidente; o indivíduo pode negar suas intenções, minimizar seus sintomas, aparentar melhoria, adotar uma atitude racional para convencer o interlocutor da banalidade de seu caso etc. O histérico pode realizar um suicídio que não se esperava, com o objetivo de recuperar, mediante a morte, a estima dos demais que acreditava ter perdido. O *raptus* ansioso [crise aguda de angústia] pode acometer o 'deprimido leve' reativo, em um momento de pânico etc. O médico estará em condições de avaliar o risco que corre o deprimido mediante o estudo global do caso, da biografia, do contexto social e

---

* Ver Caso "Érika" na pág. 110.

[6] Depressão cujo motivo real é muito claro e evidente tanto para o observador quanto para o paciente. Essa depressão é reativa, uma reação a um fato da realidade.

afetivo, da qualidade do contato e do estudo atento das modificações recentes da conduta. (Ey, Bernard & Brisset, 1981, p. 1059)

Existe uma tendência, na Psiquiatria, em considerar que o risco de suicídio é maior entre pacientes com diagnóstico de melancolia do que entre aqueles com depressão reativa ou neurose. Em relação a esses últimos, costuma-se atribuir as ameaças ou tentativas de suicídio a manipulações ou formas de chamar a atenção sobre sua pessoa.

III. *Crise aguda de angústia neurótica*

Esses são os casos de urgência psiquiátrica mais frequentemente vistos na clínica geral.

A sintomatologia das crises agudas de angústia neurótica é formada por um conjunto de reações afetivas violentas, expressões múltiplas da angústia: tempestade motora da "crise de nervos", queixas vagas de um indivíduo que acredita que sua morte é iminente; medo, pânico, logorreia, agitação, gritos e manifestações coléricas ou, pelo contrário, sideração, mutismo estuporoso etc. – todos os sintomas da grande crise emocional, que se traduz também por manifestações fisiológicas: palidez, tremores, aceleração do pulso, náuseas ou vômitos, diminuição da pressão arterial, que pode chegar até à sincope[7] etc. (p. 1060).

É interessante notar como a maioria desses sintomas assemelha-se ao que hoje está classificado pelo "DSM IV – Manual Diagnóstico e Estatístico de Transtornos Mentais" (Associação Psiquiátrica Americana, 1995), sob o nome de "Ataque de Pânico".

Ele diz respeito a um quadro que, efetivamente, é muito frequente em nossa clínica cotidiana. Muitas pessoas procuram um médico ou um atendimento psicológico com queixas desse tipo. Vários já chegam, influenciados pela mídia, apresentando-se como portadores de "Transtorno do Pânico".

Esse assunto tem sido estudado por diversos pesquisadores, principalmente na última década, em que a indústria farmacêutica vem lançando no mercado uma série de produtos dirigidos especificamente a essa "doença".

Alguns psicanalistas que vêm trabalhando esse tema, como Rosenberg (1997), têm atribuído esse tipo de sintomatologia – da mesma forma que o fazem Ey, Bernard & Brisset citados anteriormente – a uma manifestação aguda de angústia neurótica.

"Ao fazermos uma detalhada pesquisa histórica das causas que originam tais quadros nestes pacientes, encontraremos fundamentalmente, nas histerias e fobias, antecedentes de medos infantis, cujo detonador é deslocado, mas que guardam alguma conexão inconsciente com o objeto fobígeno [aquilo

---

[7] Síncope refere-se à perda súbita e transitória da consciência, acompanhada de suspensão real ou aparente da circulação e da respiração ("desmaio").

que provocava medo] da infância. Estamos assim em presença do que Freud denominou 'o campo das psiconeuroses'.

Pelo fato de que na síndrome do pânico não se conhece o motivo que gera a crise, insiste-se em dizer que não existe causa alguma que o detone. Entretanto, seguindo o modelo da entrevista psicanalítica, numa escuta minuciosa, a partir de associações livres e seguindo os modos de operar do inconsciente, começam a se tornar visíveis certas situações fantasmáticas [relativas a fantasias] inconscientes [...].

Para caracterizar a hipótese com que trabalho, direi que a chamada síndrome do pânico aparece como a fase aguda de uma neurose histérica, cujas origens estão na infância." (p. 74 e 75).

Como foi visto, a Psiquiatria arrola, em sua nosografia, um inventário de formas de apresentação de estruturações psíquicas, daquilo que se explicita ao observador em decorrência de determinada estrutura.

Estruturação refere-se à forma de organização do psiquismo e, particularmente em Psicanálise, aos modos de relação entre os diversos sistemas (consciente, pré-consciente e inconsciente) e instâncias psíquicos (id, ego e superego).

A Psicanálise também usa uma classificação. Ela descreve grandes formas de estruturação, tipos de certos modelos (neuroses, psicoses e perversões). Mas, para além da observação de fenômenos clínicos, de sintomas, a Psicanálise propõe-se a ouvir o que o indivíduo tem a dizer a respeito. Ela busca compreender a formação dos sintomas e localizá-los na economia psíquica do paciente (Green, 1969).

Entende-se, em Psicanálise, por economia psíquica tudo aquilo que se refere à circulação e divisão da energia pulsional entre os diversos sistemas e instâncias do aparelho psíquico.

Pulsão é uma pressão ou força (carga energética, fator de motricidade) que faz tender o organismo para um alvo. Segundo Freud, uma pulsão tem sua fonte em uma excitação corporal (estado de tensão); o seu alvo é suprimir o estado de tensão que reina na fonte pulsional; é no objeto, ou graças a ele, que a pulsão pode atingir seu alvo (Laplanche & Pontalis, 1986, p. 506).

De início, Freud postulou a existência de dois tipos básicos de pulsão que se contrapõem: a sexual e a de autoconservação (pulsões do ego). Essa última seria responsável pela preservação das funções vitais do organismo. Seus protótipos seriam a fome e a função de alimentação.

Em um momento posterior de suas teorizações, encontraremos outra dualidade pulsional: a pulsão de vida *versus* a pulsão de morte.

Por meio da investigação da mobilidade desses investimentos energéticos e de suas variações de intensidade, Freud fez hipóteses sobre o funcionamento dos processos mentais.

Trabalharemos a questão das emergências psiquiátricas a partir desse referencial teórico, com as explicações que se fizerem necessárias a cada introdução de novos conceitos, ilustrando-os, também, com material clínico.

4.

Indicações

A psicoterapia de emergência está indicada para situações de dor emocional aguda e dilacerante, para circunstâncias seriamente destrutivas e para os casos que, ativamente, colocam em risco a vida do paciente ou de outras pessoas.

Algumas dessas situações não necessitam de um tratamento longo. Contar com alguém adequadamente treinado e disponível no momento oportuno pode, em determinados casos, ser o suficiente para debelar alguma crise pontual.

Frequentemente, não existe quantidade suficiente de profissionais competentes para responder à necessidade de psicoterapia da população. A possibilidade de oferecer-se uma intervenção rápida em momentos de crise pode ser benéfica para os que têm problemas mais urgentes. Mesmo que isto esteja distante do ótimo, uma pessoa agudamente comprometida pode, mediante um pronto atendimento, conseguir suportar seu sofrimento por um prazo suficiente até que consiga um tratamento mais prolongado.

A maioria das pessoas só procura ajuda psicoterápica quando está em crise. Uma vez superado esse impasse, muitas vezes, desaparece a motivação para prosseguir explorando mais profundamente seus problemas. Todo terapeuta deve se perguntar se aceitaria atender um paciente em tais condições.

Acredito que um profissional deve atender a quem o procura da melhor forma possível, levando em conta suas limitações e as do paciente. Deve estar de acordo com suas motivações e sua acessibilidade à intervenção psicoterápica.

Na vida de qualquer ser humano podem surgir situações que o levem a sofrer sérios problemas psicológicos. Esses podem advir desde os processos biológicos do nascimento, crescimento e maturação até de eventos comuns de vida. Nascimento de irmãos, puberdade, passagens por exames, vestibular, casamento, doenças orgânicas graves, morte de parentes ou amigos, atribulações com filhos, desemprego ou problemas econômicos podem provocar crises emocionais que requeiram algum tipo de intervenção terapêutica. Isto sem levar em conta ocorrências extraordinárias que podem desencadear crises psicológicas, tais como catástrofes ambientais, enchentes, desmoronamentos, incêndios, quedas de aviões, situações de guerra, necessidade de o indivíduo submeter-se a cirurgias ou tratamentos clínicos prolongados etc.

Essas situações podem vir a constituir-se em **traumas** para determinadas pessoas. O trauma consiste em um acontecimento da vida do indivíduo que se define pela sua intensidade, pela incapacidade em que se acha o indivíduo de lhe responder de forma adequada, pelo transtorno e pelos efeitos patogênicos duradouros que provoca na organização psíquica (Laplanche & Pontalis, 1986, p. 678)[1].

A noção de trauma foi tomada (da Medicina – *traumatismo, efração de tecido*) por Freud para designar uma vivência que, em um espaço de pouco tempo, traz um tal aumento de excitação à vida psíquica, que sua liquidação ou sua elaboração pelos meios normais e habituais fracassa. O afluxo de excitações é excessivo relativamente à tolerância do aparelho psíquico, quer se trate de um só acontecimento muito violento (emoção forte) ou de um acúmulo de excitações que, ocorridas isoladamente, seriam toleráveis.

A intervenção psicoterápica nas situações de emergência (Bellak & Small, 1969) pode, portanto, ser indicada como:

1. **Prevenção**, para evitar que:
   a. um problema pontual se transforme em uma desordem psíquica organizada;
   b. uma situação aguda passe a ser uma doença crônica;
   c. dentro de um quadro crônico preexistente, uma agudização seja causa de uma incapacitação definitiva.
2. **Tratamento**:
   a. de situações de crise que não requeiram intervenções de longo prazo.
   b. de dificuldades adaptativas pontuais.

---

[1] Ver mais detalhes sobre trauma no livro *Neurose Traumática*, de Myriam Uchitel, nesta mesma coleção.

A *terapia na emergência, como prevenção*

O que abre a possibilidade de que determinado evento se torne traumático na vida de alguém não é apenas a intensidade ou a eficácia patogênica do fator externo ao qual ele será submetido. Esse evento necessita dar-se em um momento inesperado pelo sujeito (acidente, por exemplo) e encontrar uma inserção em uma organização psíquica que já tenha seus pontos de ruptura muito especiais. Isto significa que o traumatismo só pode se dar se o fator traumático externo encontra ressonância em algo que já está no sujeito. Algo que funcione como uma fonte de excitação interna. Esse ponto de efração preexistente é resignificado pelo acontecimento atual. A psicanálise chama esse mecanismo psíquico de *après-coup*, *a posteriori* ou resignificação retroativa.

Um tipo de evento que se tem tornado, infelizmente, muito comum em nosso meio, nos últimos tempos, apresenta-se como outro fator possível de trauma. Trata-se das situações de violência. Seu crescimento, principalmente nos centros urbanos, tem exposto um número cada vez maior de indivíduos a situações de agressão física e/ou psíquica.

"Caso Solange"

Solange foi uma funcionária exemplar, até presenciar o segundo assalto, ocorrido na mesma semana, na empresa em que trabalhava há vinte anos. Os ladrões não chegaram a machucar ninguém fisicamente. "Apenas" encostaram o cano do revólver na cabeça dela, enquanto a empurravam em direção ao cofre.

Solange conseguiu até conversar com os assaltantes, pedindo-lhes que não agredissem ninguém, garantindo-lhes total cooperação. Depois, prestou os devidos depoimentos à Polícia. Pôde manter a calma mesmo quando o investigador lhe fazia perguntas que deixavam transparecer suas suspeitas de que ela poderia estar envolvida com o crime.

Na condição de gerente daquele setor há quatro meses, ela sentia-se, até aquele momento, relativamente segura. Apesar de saber que colegas seus tinham tido familiares sequestrados para fornecerem "dicas", chaves e segredos de cofres, Solange confiava no fato de trabalhar em uma filial pequena, onde nunca ficava muito dinheiro. Era um pequeno departamento financeiro de uma grande multinacional, instalado no alto de um edifício comercial. O prédio tinha um sofisticado aparato de vigilância.

Quando ocorreu o primeiro dos assaltos daquela semana, Solange ficou bastante assustada. Suspeitou da entrega de flores, tão cedo de manhã. Alertou a colega que foi abrir a porta. Esta, porém, não lhe deu ouvidos.

Depois disto, Solange achou que já tinha passado por sua "cota" de assaltos. Dois dias depois, quando se deparou com uma arma apontada para ela, pensou que fosse uma brincadeira. Era impossível, pensava ela, ocorrerem dois assaltos na mesma semana, em um departamento pequeno como aquele. Custou a perceber que não era uma pegadinha.

Naquela noite, ela já não pôde dormir. Quando chegava a adormecer, começava a sonhar com assaltos e bandidos. Acordava em pânico. Não conseguia parar de chorar. Nos dias consecutivos, não foi trabalhar, nem deixou a filha, de 16 anos, ir à escola.

Estava desesperada com a ideia de ter de voltar ao serviço. Sua chefia havia lhe telefonado, dizendo que outros colegas que tinham presenciado os assaltos não estavam faltando ao trabalho... Eles não entendiam porque ela precisava fazer tanto "auê" por causa de uma ocorrência tão banal!

Situações de violência estão presentes na história da humanidade desde suas origens. Guerras, matanças e delinquência chegam a confundir-se com o "natural". Parecem intrínsecas ao ser humano.

> A era atual caracteriza-se por uma banalização cada vez maior da cena de violência. Os meios de comunicação confrontam o público com sangue, morte e destruição continuamente. Diminuem, com essa insistência, a sensibilidade e a possibilidade de reação do sujeito perante o que era antes fonte de dor e rechaço. Se bem que a mídia reflita formas atuais de violência, ela também contribui para tornar trivial um fenômeno que, por impregnação, passa a parecer ilusoriamente natural. Assim, não se reconhecem suas determinações sócio-históricas. Elas ficam encobertas. (Rojas e Sternbach, 1994, p. 133)

"Caso Solange" – parte 2

Solange só conseguiu ir ao meu consultório acompanhada do marido. Rodaram com as portas do carro devidamente travadas e as janelas hermeticamente fechadas. Mesmo assim, a cada semáforo em que o marido precisava parar, ficava desesperada, olhando para todos os lados. Achava que bandidos saltariam para cima deles a qualquer instante.

Estava apavorada. Não parava de chorar. Perguntava se a rua de meu consultório era segura, se já tinham ocorrido assaltos ali. Não conseguia, porém, falar a respeito dos assaltos que presenciara em seu local de trabalho.

Após conversarmos por algumas horas, Solange descobriu que, ao falar a respeito do que tinha acontecido, acalmava-se. Podia, também, pensar a respeito de que outros meios teria, além dos que já utilizara, para proteger a si e a sua família. Acabou lembrando--se, também, de que poderia pleitear, junto a sua chefia, melhores condições de segurança em seu espaço profissional.

Começou a relacionar parte do que acabara de viver com situações de sua infância. Seu pai faleceu em sua presença, quando Solange tinha oito anos de idade. Ela nunca pôde chorar pela morte do pai. Estavam brincando sozinhos em casa quando ele caiu morto no sofá. Como ele sempre fora muito "brincalhão", ela pensou que fosse mais uma de suas brincadeiras. Da mesma forma que achou que o ladrão, apontando um revólver para sua cabeça, "só pudesse estar brincando".

Qualquer um está sujeito a sofrer uma "patologia traumática", no entanto, esta só irá se dar se ocorrer em um momento preciso de sua história. É fundamental a presença do efeito surpresa. Esse efeito deve entrar em tensão com a posição particular do indivíduo a respeito de seu fantasma[2], no momento exato em que se produziu o encontro traumático. (Fuks, L. B. 2000)

Em um outro lugar, o sujeito se encontrará confrontado com sua própria morte, no momento em que seu ódio aponta a outro com a rivalidade edípica[3].

A eficácia traumática do confronto com a possibilidade real da morte, em uma situação inusitada de perigo, depende dessa fantasmática e produz um acordar aterrorizante disso que, até o momento, eram fantasias referidas à morte de outros. É o real irrepresentável da morte referida a si mesmo o que não pode ser processado. (Fuks, L. B., 2000, p. 124-125)

A impossibilidade de falar da vivência relacionada ao episódio traumático é uma das características dessas situações. A pessoa fica revivendo essa cena em sonhos e em fantasias. Pode, também, inconscientemente, provocar repetições do evento, colocando-se, por exemplo, em circunstâncias de

---

[2] Fantasma refere-se a uma encenação imaginária em que o indivíduo está presente e que figura [...] a realização de um desejo e, em última análise, de um desejo inconsciente ["fantasia"] (Laplanche & Pontalis, 1986, p. 228).

[3] Devido aos desejos (inconscientes) de morte com relação ao rival, na triangulação edípica.

perigo às quais, anteriormente, não se exporia. Esta é a *compulsão à repetição* de que fala Freud em *Além do princípio do prazer*.

Na tentativa de ligar o excesso de excitação levantado pelo ocorrido traumático as palavras, para lhe dar um sentido, o indivíduo o traz de volta a sua vida reiteradas vezes. Essa experiência traumática volta à cena para ser transformada de um filme mudo de terror em um diálogo esclarecedor do indivíduo consigo mesmo e com sua história.

"Caso Solange" – parte 3

Foi dessa forma que Solange pôde ligar a situação de ameaça a sua vida, que acabara de sofrer, com a lembrança da morte de seu pai.

Falar e pensar a respeito do ocorrido traumático lhe permitiu acalmar-se o suficiente para encontrar formas de lidar com algumas questões pessoais, familiares e profissionais. Entendeu por que alguns de seus colegas conseguiram voltar ao trabalho imediatamente após os assaltos e ela não. Aceitou a indicação para uma análise, que já lhe fora proposta em outros momentos de sua vida, mas que ela nunca achara necessária.

Vivências como esta exigem uma atenção especial. Um procedimento psicoterápico rápido pode ser efetivo a ponto de impedir cronificações e até mesmo evitar o desenvolvimento de doenças mentais. É capaz de ser útil como medida preventiva.

Esse tratamento imediato, ainda que curto, em muitos casos, impede que uma desordem evolua para uma desadaptação grave ou uma doença séria e crônica. Em outros, uma primeira intervenção curta abre a possibilidade da busca de uma análise pessoal, *a posteriori*.

Mesmo uma pessoa com um distúrbio emocional crônico, ainda que se trate de uma psicose, pode levar uma vida agradável e produtiva. Uma série de fatores de vida, ou somáticos, pode alterar o delicado equilíbrio de uma pessoa cronicamente perturbada e produzir incapacidade total. Uma pronta intervenção breve pode restituir o equilíbrio, prevenir uma piora e ainda mitigar alguns aspectos recorrentes da doença daquele indivíduo.

"Caso Clara"

Clara me liga angustiada. Era uma tarde extremamente quente de domingo. "Acho que não estou bem...", diz ela. Começa a contar, de forma confusa, várias situações pelas quais passara naquele dia. Estivera, por quinze minutos, na piscina com uma amiga, falara com a irmã e com o namorado ao telefone, recebera a visita do filho, fora comprar os presentes de Natal para a família, lavara e passara roupa, limpara o "quarto do cachorro". Explica que, ao usar a caixinha, o cachorro espalha areia pelo chão, apesar da caixa estar forrada com jornal...

Acha que está "mal da cabeça". Teme estar entrando em depressão. Diz que não tem ânimo para sair de casa. Tinha-se programado para fazer mais compras à noite, mas sente o "corpo mole".

Pergunto se já tomou seu remédio para pressão. Tem tido pressão baixa há alguns meses. Com o calor, isto piorou muito.

Clara diz que esqueceu desse medicamento hoje... "tinha tantas coisas para fazer..." e, após breve silêncio, continua: "Eu me cobro demais, não é mesmo? Estou sempre achando que não sou capaz de nada. Que não faço nada direito... Nunca vou conseguir ser igual a minha mãe, que trabalhava o dia inteiro, estudava à noite e ainda cuidava da gente...".

Nesse primeiro ano de análise, trabalhamos a questão da efetiva necessidade de tantas internações psiquiátricas a que Clara fora submetida. Foram mais de dez. Toda vez que ficava confusa, ligava para a irmã. Era a orientação do psiquiatra que a tratava naquela época. Ele dizia que, nas crises, quanto mais cedo ela se internasse, melhor seria sua evolução.

Ficou assim por quinze anos, entrando e saindo de hospitais... Tantas vezes disseram-lhe (e à irmã) que era uma doente mental irrecuperável, que passou a acreditar. A qualquer sinal de "anormalidade", pensava tratar-se de um surto psicótico... ligava para a irmã que corria para interná-la.

O que se tornou crônico, no caso de Clara, foi a "psiquiatrização" à qual foi submetida. Ensinaram-lhe que qualquer mal-estar que sentisse deveria ser interpretado como início de crise psíquica. Uma queda de pressão arterial, com sua consequente sensação de "moleza *no corpo" e falta de disposição para realizar mais atividades físicas, implicaria em uma possível intercorrência psiquiátrica. Poderia ser uma depressão...*

De alguns anos para cá, a depressão tem se tornado uma das "psicopatologias" mais comentada pelos meios de comunicação. A própria OMS (Organização Mundial de Saúde), em seu relatório anual de 1997, alerta para o aumento desse tipo de "distúrbio do humor". Trezentos e quarenta milhões de pessoas estariam atingidas por essas moléstias (Santa Cruz, 1997). Essa autora mostra-nos como a mídia, em geral, e a instituição psiquiátrica, em particular, foram transformando aquilo que era da ordem do efeito em causa. As consequências ou as formas de manifestação da depressão foram sendo tomadas como aquilo que a desencadeia ou que a produz.

Mas além do espanto que estas cifras causam, chama a atenção o modo como a OMS, através de concepções de saúde e doença dominantes na nossa cultura, **transforma os efeitos em causas** ao nomear o álcool, as drogas, o *stress* e a solidão como **causas** do aumento da depressão. A OMS, como legítima representante do modo como se organizam e do modo como pensam as sociedades ocidentais, não faz mais do que seguir a lógica dominante destas mesmas sociedades: transformando os efeitos em causas ou colocando a questão sob outra lógica, tomando como dados quase que 'naturais' o aumento do consumo de álcool, o uso de drogas, o *stress* e

a solidão, evita colocar em questão as condições de produção destes fenômenos, bem como de querer saber sobre os
componentes constitutivos desta figura – a depressão – que
parece vir se tornando mais um entre tantos **sintomas sociais**
significativos nesta virada de milênio [...].

Tudo se passa como naquela propaganda de *ginseng*, veicu-
lada repetidas vezes por rádios e revistas e que diz mais ou
menos o seguinte:

'Agenda cheia?! – *Stress*! Duas horas parado no trânsito?! –
Stress! Quinze minutos para almoçar?! – *Stress*!' (E a gente
poderia acrescentar, brincando um pouco: Sobra mês no seu
salário?! – *Stress*! Você não tem casa para morar?! – *Stress*! A
saúde dos seus filhos vai mal?! – *Stress*!) E conclui com mais
ou menos o seguinte: 'Corte o mal pela raiz! Tome *ginseng* e
reponha todas as suas energias!'.

Esta lógica dominante de tomar os efeitos de modos determinados de organização social e de modos determinados
de organização existencial como dados naturais é a lógica
que instrumentaliza as respostas hegemônicas produzidas
pelas sociedades ocidentais para fazer frente a importantes
questões como a depressão, respostas estas que adquirem um
alcance ainda maior por sua intensa veiculação pela mídia,
e que modelam a subjetividade de forma a fazê-la caber nos
padrões classificatórios oficiais das doenças e distúrbios.
(Santa Cruz, 1997, p. 45)

Esta não é a única forma de "medicalização" ou "psiquiatri-zação" com a qual, frequentemente, nos deparamos na clínica. Cada vez mais pessoas, identificadas com quadros apresentados como "psicopatologias" pelos meios de comunicação, procuram profissionais e instituições de saúde em busca de tratamento. Novas "doenças", como "distimias", "síndrome do pânico", "anorexias" e uma série de "adições" vêm sendo oferecidas ao público como modelos identificatórios. Elas vêm ocupar o lugar das identidades pessoais, sexuais, sociais ou profissionais, que vigoravam até poucas décadas atrás.

As crianças deixam de ser chamadas pelo nome nas escolas, na pressa de se fazer um controle de presença,elas respondem por um número. Os funcionários de uma firma passam a ser um cartão de ponto. Os cidadãos são reconhecidos pelos números que lhes são atribuídos em uma série de siglas: RG, CPF, INSS etc.

As pessoas são vistas, e acabam se vendo, como parte de uma grande massa, tendo de responder e reagir às demandas que lhe são impostas como tal. São unidades de determinado extrato social separado dos outros pelo nível de consumo de que é capaz. Esta é uma das engrenagens privilegiadas pela lógica das políticas de mercado para conseguir uma homo-geneização e um controle dos conflitos sociais (Fuks, M. P., 1999, p. 67).

Na busca das origens dessas novas configurações da socie-dade contemporânea, Mario Fuks alerta para a importância do impacto da violência social na subjetividade. Ele associa os processos de gradual e progressiva desagregação do tecido social às políticas econômicas neoliberais que, somadas às crises financeiras mundiais ocorridas nos últimos anos, produzem um quadro de penúria social de alto impacto subjetivo.

Para entender melhor essa problemática, esse autor toma o exemplo do campo profissional. A falta ou a precariedade dos empregos, a reengenharia industrial, os trabalhos marginais e a divisão entre "estáveis" e "temporários" produzem fragmentações nas organizações sindicais e enfraquecimento da solidariedade. Acrescenta-se a isto um aumento da exigência de rendimento do trabalho e um acirramento da competição. Junta-se, ainda, uma menor participação nas decisões, que são tomadas em âmbitos distantes e impessoais. Isto tudo tende a desarticular as relações de amizade e vizinhança. Assim, os espaços de sociabilidade comunitária, desinvestidos, fecham-se.

> Completando esse quadro, a deserção do Estado, no que se refere a necessidades que somente o mesmo poderia suprir, aumenta as vivências de desvalimento e desamparo. Um sistema de ideais construído tendo como base valores, tais como progresso pelo esforço, futuro melhor para os filhos, projetos individuais e coletivos interligados, expectativas e projetos de transformação social, parece desmoronar-se. Assim, é freqüente que a limitação dessa rede simbólica intra e intersubjetiva requerida para a elaboração das vivências de desvalimento e desamparo culmine num desfecho

medicalizante através de diagnósticos psicopatológicos de depressão, síndromes neurovegetativas etc., sem que o trabalho de luto em curso ou bloqueado possa ser reconhecido. (Fuks, M. P., 1999, p. 66)

"Caso Clara" – parte 2

Clara teve sua primeira internação psiquiátrica pouco tempo após perder a mãe e separar-se do marido. Ela é funcionária pública. Trabalhava com afinco. Nunca se atrasava e era das últimas a sair. Nunca se recusava a ficar, às vezes por várias horas, após seu expediente. Não recebia nenhuma remuneração adicional por isto.

Conseguiu ser nomeada para um cargo de chefia, em um setor muito valorizado em sua área profissional. Para alcançar esse posto, chegou a deixar seu filho, de dois anos de idade, doente, com febre, em casa, só com a empregada. Clara temia faltar ao trabalho, pois seu cargo era muito cobiçado pelos colegas. Qualquer "escorregão" poderia acarretar sua perda.

Todo esse esforço, porém, não lhe foi de grande valia. Assim que teve alta do hospital psiquiátrico, seu chefe comunicou-lhe que seria "readaptada". Isto significava perder o "cargo de confiança" e o "adicional" de salário que lhe correspondia. Clara não teve outra alternativa. Pediu transferência para outra unidade do serviço público na qual não a conheciam. Passou a desempenhar uma tarefa burocrática, muito aquém de sua formação e de sua capacidade laborativa. Não exerceria a função pela qual tanto lutara, mas, ao menos, não teria seu salário reduzido. Nem seria olhada pelos colegas como "a louca".

Foi uma decisão difícil para ela. Após tantos anos de investimento em sua carreira, ela estava abandonando a possibilidade de ser reconhecida profissionalmente.

Não demorou muito para que Clara, agora sem o cargo que tanto valorizava, sem mãe e sem marido, voltasse a entrar em crise. Foi internada novamente e, dessa vez, por dez meses consecutivos. Ao ter alta, descobriu que o ex-marido lhe tirara a guarda do filho.

Em poucos anos, Clara perdeu sua identidade de esposa, de mãe e de profissional. Agora, após um dia cheio de afazeres, por não ter mais forças para sair novamente para fazer compras, perguntava se sua identidade era a de "deprimida"...*

Cada cultura, em cada época, cria um ideário de "normalidade". É o "protótipo sadio" (Rojas & Sternbach, 1994, p. 131). Trata-se de um conjunto de modelos de subjetividade criados conforme os ideais predominantes. São, portanto, socialmente estimulados e reconhecidos. No protótipo pós-moderno, os novos paradigmas promovem um ritmo hipomaníaco ligado à abolição de todo conflito, ao êxito e à eficácia. Não se adequar a esse padrão equivale a ser doente.

Nessa mesma linha de raciocínio, Calligaris (1999) atribui a invenção de novas patologias à necessidade social de reprimir

---

* Ver, também, o capítulo que escrevi sobre "Depressões", em Lopes; Ward & Guariento, Medicina Ambulatorial - São Paulo: Ed. Atheneu, 2006.

comportamentos "nocivos" à ordem pública. Ele cita, como exemplo, o *air rage* – a raiva do ar –, "diagnóstico" com o qual ele foi ameaçado por ter se dirigido a um balcão de uma companhia aérea para fazer uma queixa. Caso a supervisora que o atendia o enquadrasse nesse "diagnóstico", ele seria impedido de embarcar...

Os comportamentos de "raiva do ar" vão desde a gesticulação de um agitado até a tentativa de abrir uma porta no meio do voo.

Ninguém se pergunta se aquele indivíduo acometido de *air rage* tem fobia de lugares fechados ou medo de avião. Se está com algum problema afetivo pessoal ou se pegou aquele avião para ir a um enterro. Essas atitudes passam a ser tomadas enquanto "doença", propiciando, assim, sua repressão.

> A invenção de entidades psicopatológicas a partir de puras descrições comportamentais está sempre a serviço de uma paixão de policiar a vida.
>
> Numa sociedade democrática moderna, o policiamento que funciona melhor é terapêutico-higienista. Pois ele faz apelo a valores reconhecidos como objetivos: bem-estar e saúde. Também assegura a paz das consciências: somos livres, pois apenas regulamentamos doenças e reprimimos por generosidade samaritana. Começa assim: há coisas proibidas porque são nocivas. Acaba assim: há coisas que são ditas nocivas para serem proibidas.

A patologia inventada é sempre um puro comportamento. A singularidade concreta de cada vida e situação é negada. Pois, neste caso, a verdadeira patologia é o transtorno da ordem. (Calligaris, 1999, p. 9)

Cabe-nos pensar, então, ao sermos convocados para atender a uma emergência, a serviço de quem, ou do que, estaremos respondendo. Se tentaremos acalmar uma "raiva do ar" para que o indivíduo não abra uma porta de avião em pleno voo ou se estaremos contribuindo para aplacar irritações justas de cidadãos que reclamam pelos seus direitos. Se medicaremos uma "síndrome do pânico" para confirmarmos um padrão de uso de psicotrópicos proposto pelo *lobby* farmacêutico. Se, em nome da produtividade, incentivaremos o pronto retorno ao trabalho de um sujeito que acabou de passar por uma situação de extrema violência, justamente em seu espaço profissional. Se compactuaremos com um rótulo de "depressão" quando uma pessoa, após um longo dia de afazeres cansativos, não encontra mais energia para ir fazer compras, sendo o padrão atual o do consumo ininterrupto.

Responder a determinadas demandas subjetivas desde outro referencial, diferente do proposto pela ordem social vigente, pode abrir a possibilidade de o indivíduo se ver enquanto tal. Fazer alguém pensar em si mesmo não apenas como um diagnóstico, um número ou uma unidade de consumo, oferece-lhe a chance de reinserir-se em sua própria história de vida, de assumir-se enquanto sujeito de seus próprios desejos, necessidades e possibilidades. Essa pessoa poderá, a partir daí, elaborar as limitações ou frustrações que sua existência for lhe trazendo.

A *terapia na emergência, como tratamento*

Situações de crise emocional e dificuldades adaptativas estão se tornando cada vez mais frequentes em nossos dias. Já enumeramos uma série de eventos que podem provocar a perda da estabilidade psíquica. Muitos pesquisadores, no entanto, têm atribuído o aumento de danos à saúde física e mental não apenas a fatores individuais.

A partir da Segunda Guerra Mundial, as "neuroses de guerra", a proximidade da sociedade com o sofrimento psíquico e a crise socioeconômica que se instalou na Europa e nos EUA levaram a Psiquiatria e a Psicologia a pensar o psiquismo humano inserido em seu contexto socioeconômico-cultural.

Retomaram-se os "textos sociais" de Freud, como *Totem e tabu, Psicologia de grupo e a análise do ego, O mal-estar na civilização, Moisés e o monoteísmo*, entre outros, para tentar entender o indivíduo em suas interações com seu meio.

Essa forma de abordagem do dano psíquico, em sua correlação com as fragilidades subjetivas e com os fatores de risco, abriu o campo para a reformulação de teorias. Incluíram-se concepções sociológicas, antropológicas e políticas.

A perda de laços de solidariedade, a fratura nos vínculos sociais, as modificações nos ordenamentos simbólicos da família, os processos de socialização das crianças e as formas de educação, as profundas alterações das relações dos sujeitos com sua cultura que impõem as migrações internas e externas etc. geraram um novo tipo de subjetividade. (Galende, 1990, p. 19)

Nessa linha, surgiram estudos sobre a interação entre os fatores "externos" e "internos" à constituição psíquica na formação de sintomas e de doenças.

Tomando por foco a questão da "psicopatologia da recessão", Seligmann-Silva (1994, parte 8), por exemplo, levanta uma série de pesquisas que mostram a influência imediata ou paulatina da crise econômica na população. Essa autora aponta para o incremento da incidência de doenças cardiovasculares relacionado ao aumento das tensões e do esforço no trabalho. O estresse e a fadiga, assim causados, vão minando o organismo, resultando, a médio ou longo prazo, em prejuízo ao corpo e à mente dos indivíduos.

Os efeitos da crise se fazem sentir tanto nos desempregados quanto naqueles que trabalham. As transformações nos processos laborais e a perda do emprego apresentam-se como ameaças, gerando pressões constantes, mesmo nos que continuam trabalhando. Isto acarreta um aumento dos índices de morbidade e mortalidade vinculados à psicopatologia. As taxas de suicídio e de homicídio crescem já no primeiro ano de recessão. Apresenta-se uma clara correlação entre suicídios, tentativas de suicídio, doenças mentais e desemprego (p. 256).

O significado que o trabalho assume para cada indivíduo também influi no risco de adoecimento mental perante a interrupção forçada de suas atividades profissionais. O grau de valorização atribuída pelo indivíduo à ocupação desempenhada chama-se "estatuto profissional". Ele assume diferentes pesos, de acordo com o lugar que o trabalho ocupa na vida de cada um. Por exemplo, mulheres que têm uma função de mãe de família ou dona de casa, além do emprego, têm menor risco de suicídio do que os homens ou as mulheres jovens, que ainda não se casaram (p. 260).

Insônia, manifestações psicossomáticas, irritabilidade e outros sintomas, como a tensão e o temor, foram relatados por muitos trabalhadores entrevistados. Vários revelaram, ainda, aspectos que merecem uma atenção especial:

> [...] a utilização por algumas empresas de pressões do tipo 'chantagem emocional' para obter sobretrabalho. O mais comum era os chefes solicitarem aumentos de ritmo, extensão das jornadas e realização de atividades que caracterizam acúmulo ou desvio de função, sob alegação de que 'a firma tá em situação difícil, se a produção não aumentar, ela fecha. Depende de vocês ajudarem agora'. Por outro lado, os sentimentos de lealdade ao grupo e à própria empresa eram também explorados através de apelos como

'a empresa sempre ajudou vocês, agora vocês não vão ser ingratos, né?' (p. 266-267)

"Caso Jeferson"

Jeferson foi à entrevista com a psicóloga* por indicação do médico clínico que ele tinha ido consultar naquela manhã. Sentia que seu "cérebro estava anestesiado". Estava tão assustado com isto, que quase não conseguia falar. Foi sua esposa quem respondeu à maior parte das perguntas.

No espaço de quinze dias, a mãe de Jeferson morreu, vítima de um derrame; seu filho pegou pneumonia e ele próprio ficou resfriado. No final desse período, quando Jeferson recebeu a notícia de que estava despedido, passou a "sentir um peso na mente".

O paciente perdeu o pai aos dois anos de idade. Foi sua avó quem o criou. Começou a trabalhar aos treze anos. Um ano depois, sua avó faleceu. Jeferson sofreu um choque. Chegou a ter "acessos de desmaio". Sua mãe convidou-o a morar com ela, porém, ele recusou. Residiu nos alojamentos da fábrica em que trabalhava até se casar.

Sua esposa era manicure e vendia roupas para completar o orçamento doméstico. Tinham três filhos, o maior de dez e o menor de três anos de idade.

---

* A psicóloga relatou esse caso em um seminário clínico do curso "Psicopatologia Psicanalítica e Clínica Contemporânea", no Instituto Sedes Sapientiae, em 1998.

Sentia-se "em casa" no emprego. Conhecia todo mundo. Tinha grande afeição por seu chefe. Estavam há dezoito anos juntos nesta indústria. Nenhum nunca negara ajuda ao outro. Quando Jeferson precisou, seu chefe arrumou lugar para ele morar na fábrica. Depois disso, podia contar com Jeferson para qualquer coisa. Dispunha-se a cobrir a falta de qualquer colega, mesmo que não exercesse sua função. Chegava, frequentemente, tarde em casa, para "não deixar o chefe na mão". Afinal, foi quem praticamente acabou de criá-lo...

Esses tipos de abuso aos quais são submetidos os trabalhadores, através da manipulação de seus sentimentos, também foram constatados nas pesquisas de Edith Seligmann-Silva (1994).

"Sentimentos e fantasias, em que as empresas são idealizadas como 'pai bom' ou 'verdadeira mãe', eram incentivados e explorados, especialmente nas que sempre cultivaram formas suavizadoras, paternalistas e assistencialistas de dominação. Em muitos dos casos que estudamos, as horas extras nem sequer eram pagas, ao que se submetiam os trabalhadores, graças às pressões de chantagem emocional ou à força exercida pelo temor ao desemprego." (p. 266-267)

"Caso Jeferson" – parte 2

Jeferson começou a sentir "a frente do rosto anestesiar" quando seu chefe lhe propôs um acordo verbal. A firma devia-lhe seis meses de salário. Já tinha visto vários colegas receberem essa mesma oferta que, depois, não era cumprida. Não podia acreditar que seu chefe estava fazendo a mesma coisa com ele... "Ele não pode ser tão cara de pau assim!?!", dizia Jeferson à sua psicóloga. "Mas vou precisar encarar as coisas de frente...", acrescentava.

Identificado com seu chefe "cara de pau" e "precisando encarar as coisas de frente", Jeferson só pôde reagir, naquele momento, sentindo a frente de seu rosto anestesiar-se. Assim como ocorreu com seu cérebro, pois "não podia nem pensar que eles (firma/chefe) não cumpririam o acordo".

Um tratamento realizado em algumas sessões de psicoterapia breve, focalizado na "anestesia" de Jeferson diante de questões tão dolorosas, devolveu-lhe a capacidade de enfrentar a situação que estava vivendo. Começou a pensar em procurar outro emprego e até em dizer ao seu chefe o quanto este o desapontara...

Uma vez descartados os fatores orgânicos em sua causalidade, ouvir uma queixa referida ao corpo, tentando rastrear suas determinações individuais, históricas, socioeconômicas e culturais, permite-nos uma visão mais ampla da situação por que passa aquela pessoa que vive uma crise emocional.

Não cabe mais, em nossos dias, pensar a subjetividade humana desvinculada de seu contexto. Esses novos marcos referenciais para a compreensão do psiquismo impõem-se às atuais propostas terapêuticas.

> A representação de subjetividade que prevalece nas teorias psicológico-psiquiátricas espelham uma realidade sócio-historicamente datada e culturalmente circunscrita. [...] Tanto a conduta *doente* como a conduta *sadia* são igualmente prescritas pelos códigos socio-culturais. [...] A doença, bem como o indivíduo, carregam a marca da cultura. Essa marca deixa sua estampa no aparelho psíquico e, por isso, as psicoterapias têm de levar em consideração esta realidade. (Costa, 1989)

Ao atendermos, então, a uma emergência, devemos ficar atentos não apenas aos fatores individuais ou constitucionais daquele sujeito, mas também aos eventos pelos quais ele esteja passando, que podem estar tendo um efeito traumático em sua pessoa.

O enquadre na terapia de emergência

A forma que cada situação de terapia de emergência assume depende do lugar físico e simbólico (*setting*): do consultório, da sala; da relação que cada um estabelece com o paciente e com a equipe de profissionais com que trabalha; da instituição e da maneira como nos inserimos nela.

Setting ou enquadre refere-se não apenas às demarcações concretas, temporais ou espaciais em que uma intervenção terapêutica ocorre. Quando falamos em "lugar simbólico", nos referimos ao papel que o terapeuta, a equipe, a instituição ou a relação que se estabelece com a instituição podem vir a ocupar no psiquismo do paciente. Uma enfermeira que administra os cuidados corporais, por exemplo, pode ser vista pelo paciente como alguém que ocupa o lugar materno. Certa clínica pode simbolizar um lar para um paciente e uma prisão para outro...

O tipo de intervenção a ser feita pode ser determinado pelo espaço e pelo momento em que ela se dará: em uma interconsulta dentro do hospital geral; durante um trabalho do Serviço Social; no decorrer de uma orientação pedagógica em uma escola; com pacientes imobilizados, seja em casa, seja em alguma clínica etc.

Para ilustrar esta questão, voltemos ao "Caso Ricardo", o jovem que sofreu o acidente de carro, cujo relato foi iniciado na pág. 18.

"Caso Ricardo" – parte 2

Quem indicou a internação psiquiátrica para Ricardo foi o cirurgião que o atendeu por causa do acidente de carro. O paciente estava dirigindo sob efeito de cocaína. A família sabia que ele usava drogas, mas não "se dera conta" de que Ricardo estava delirante e alucinando (!?!).

Eles recusavam a "loucura" do filho, que já estava nesse estado há vários meses. Os pais "sabiam", como me contaram mais tarde, que "tinha alguma coisa errada", mas achavam que era "por causa das drogas"!... Portanto, o que faziam era dar "broncas" violentas e "vigiá-lo", por um lado e, por outro, tentavam seduzi-lo a seguir os pedidos familiares de que não usasse mais tóxicos, "comprando-o" com a realização de todos seus desejos. Foi assim que puseram nas mãos de um adolescente drogadito um carro 0 km!...

Quando Sr. Raimundo chegou com o rapaz ao hospital psiquiátrico, criou-se um alvoroço na sala de espera. Ricardo corria de um lado para o outro, gritando com as pessoas que estavam aguardando pela consulta, com as recepcionistas (apavoradas por trás do balcão), com o porteiro e os enfermeiros, que foram sendo chamados para tentar conter sua agitação.

O paciente, um garoto magro, cheio de escoriações e hematomas pelo corpo, em poucos minutos, conseguiu mobilizar quase toda a equipe técnica da clínica, que ficou, estupefata, observando a cena à distância.

A norma do hospital para "casos de agitação psicomotora" era de aplicar uma contenção medicamentosa no paciente e, se necessário, restringi-lo, também, fisicamente. Ninguém, porém, se mexia, nem mesmo os profissionais incumbidos e treinados para essas ocorrências. Os movimentos abruptos e descoordenados de Ricardo paralisaram todos a sua volta.

Quando me deparei com aquela cena, em que todos tinham se tornado espectadores passivos de um espetáculo de terror, perguntei a uma assistente social, que fazia parte da plateia, o que estava acontecendo. Com uma voz um tanto embargada de temor e um sorriso de satisfação nos lábios, contou que ninguém queria chegar perto do paciente e que estavam cogitando chamar a Polícia para tirá-lo dali!

Questionei-a, então, se alguém tentara conversar com quem trouxera o paciente para obter informações ou se alguém experimentara abordar o próprio rapaz. A moça ficou perplexa, como se isto nunca tivesse lhe ocorrido ou como se isto fosse uma insensatez... "Você acha que alguém teria coragem de chegar perto de um leão raivoso?", perguntou.

Aí estava a razão da paralisia, do terror – e da satisfação! – que perpassavam aquele público. Estavam todos entretidos (quase "encantados") com a exibição do poder da agressividade e com a sedução que essa força exercia sobre eles. Era, provavelmente, o prazer de presenciar aquela exibição de "raiva animalesca" que provocava, nos espectadores, os atos de repulsa – e de "encantamento".

Em seu texto de 1930, chamado *O mal estar na civilização*, Freud conta como, no ser humano "civilizado", coexistem duas forças opostas: o amor e a agressividade (a pulsão de vida e a pulsão de morte). Essa última tende a ser inibida (reprimida) pela cultura, no intuito de a civilização evitar sua própria destruição. Geram-se, assim, no plano macrossocial, as instituições. No plano individual, produzem-se mecanismos psíquicos, próprios ao processo constitutivo de cada um, para lidar com essa energia e permitir a inclusão daquele ser na comunidade em que pretende inserir-se.

Criado nessa armadura moral, o ser humano passa a ter de abrir mão da satisfação, em si mesmo, dessa vertente agressiva inata para poder viver em sociedade. No entanto, mesmo que reprimida, essa pulsão não desaparece. Fica apenas "subjugada", por uma instância psíquica à qual denominamos superego.

Diante da exibição explícita da potência da agressividade no outro, as pessoas regozijam-se com a possibilidade de alguém poder liberar-se do jugo do superego[4]. É o que explicaria, por exemplo, o grande sucesso de filmes, programas de TV, noticiários e espetáculos cujos temas são brigas, lutas, perseguições, destruições e mortes. Nesses casos, a pulsão de morte aparece atuada, representada por personagens de ficção. O público pode identificar-se com eles. É assim que fazem as crianças com os personagens dos desenhos animados ou das estórias infantis, "brincando" de ser "mau", enquanto dura o "faz de conta" da estória ou do espetáculo.

"Brinca-se" de ser brutal porque, em algum momento, alguém, a mãe, o educador, o padre, a polícia ou qualquer outra instituição proibiu o ser humano de ser agressivo. Ele foi "ensinado" a conter sua raiva (até mesmo em pensamento, segundo os dogmas de algumas religiões). Os pais dizem à criança: "Não brigue com seus irmãos ou amiguinhos. Isto não se faz. É feio, repulsivo. Se você desobedecer, não vamos mais gostar de você. Deixaremos de amá-lo." Sob essa ameaça

---

[4] Esse encantamento advém também, como me apontou tão precisamente Mario Fuks, pelo fascínio com a exibição da onipotência narcísica do paciente. Sua "plateia" estaria identificada com "sua majestade o bebê irado", da mesma forma que o fazem os pais, ao reviver o próprio narcisismo, por meio da identificação com o narcisismo de seus filhos. Retomaremos a questão do narcisismo no tópico relativo à "A escuta da família na emergência", no capítulo 6.

da perda do amor e dos cuidados parentais, o filho não tem outra alternativa a não ser aceitar esses preceitos, submeter-se a eles e passar a tomá-los como seus. A partir daí, esses ideais familiares vão constituir-se em parte do superego do indivíduo.

À instituição psiquiátrica também cabe o papel de conter os "impulsos" antissociais dos que se desviam das normas. Mas, seus profissionais também têm de se haver com seus próprios sentimentos: o fascínio e a repulsa desencadeados pela emergência da agressividade em outro ser humano. Soma-se a isto o contato diário com o sofrimento, a angústia e o traumático.

O insuportável da urgência, da angústia e do traumático tende a provocar tanto nos profissionais quanto nas instituições esse movimento de rechaço.

É na produção de um espaço criativo que temos a possibilidade de dar conta do insuportável e do impossível.

Pose (1994) diz que é onde se aloja o insuportável que a criatividade e a produção coincidem, porque é ali onde a resposta habitual fracassa e todo saber prévio torna-se questionável. A pressão do rechaço se impõe e o salvar-se a si mesmo ou à instituição, deixando para outro a tarefa, coloca-se em questão. Em situações muito difíceis, fica-se tentado a "passar a bola para frente". Porém, surge também a oportunidade de transformar o impossível em possível, de criar, de integrar o antagônico a uma nova síntese.

O profissional implicado em sustentar esse ato não percorre esse caminho sem certo sofrimento. O processo criativo, não depende, no entanto, só do sujeito, mas também de seu objeto. Miguel Angelo dizia: "a escultura está dentro da pedra, só tem que se tirar o que sobra". Cada pedra esconde uma escultura diferente. Cada paciente apresenta, em cada situação de emergência, uma experiência única.

Apesar de nos depararmos, frequentemente, nas instituições, com mecanismos que impedem a criação, essa rigidez não está presente o tempo todo. Submeter-se a ela também é uma boa forma de escapar ao próprio mal-estar (p. 114-115).

As constantes críticas à burocratização institucional muitas vezes ignoram o quanto a burocracia vem sendo usada em uma vã tentativa de "proteger" aquela entidade, e as pessoas que nela trabalham, do contato direto com o sofrimento. Balcões, recepcionistas, secretárias, papéis e filas de espera funcionam como anteparos e "filtros" para os profissionais que têm de dar respostas e soluções à dor ou à angustia de outros seres humanos.

Como vimos, uma sala de espera de um hospital pode servir como *setting* para nossa intervenção, assim como um corredor de um ambulatório, a casa do paciente, o banheiro do colégio ou qualquer outro lugar em que nos deparemos com uma situação de crise. É evidente que conseguir uma privacidade, para se obter informações ou a história daquela pessoa, seria recomendável, porém, não é essencial. O mais importante é levantar, de imediato, dados que nos permitam avaliar os riscos aos quais aquela pessoa está submetida. Se não houver ameaça imediata a sua vida ou a de outrem, devemos convidar o indivíduo a nos acompanhar a um lugar onde possamos conversar tranquilamente, pelo tempo que for necessário.

Nas terapias de emergência, não se propõe o uso de divã. É muito importante que o indivíduo tenha o terapeuta ao alcance de seus olhos. Devido ao nível de angústia que está vivendo, o paciente, muitas vezes, nem ao menos consegue sentar-se, quanto mais deitar-se. Ter um desconhecido às suas costas, pode ser uma vivência muito persecutória para algumas pessoas.

A "sessão" de psicoterapia de urgência não tem um prazo previamente determinado. Pode durar alguns minutos ou várias horas. Isto depende da complexidade de cada situação, da capacidade do profissional que estiver implicado em sua resolução e do grau de comprometimento daquela pessoa que requer ajuda.

Uma intervenção de emergência pode iniciar-se em um primeiro momento de irrupção da crise e prolongar-se ao longo dos dias ou das semanas consecutivos, nos casos em que a avaliação demonstrar que se trata de algo que pode vir a dissolver-se com uma abordagem em terapia breve.

Por outro lado, nossa atuação junto àquele paciente pode terminar após um único encontro, se este for suficiente para que aquela pessoa continue a elaborar suas questões por si mesma, daí para frente. A intervenção também pode encerrar-se caso fiquem propostos outros tratamentos mais prolongados com outro profissional ou quando ficar evidente que se trata de um distúrbio cuja principal causa é orgânica que, uma vez resolvida, devolverá a estabilidade emocional àquela pessoa.

O que importa, então, é termos a flexibilidade e a presteza de julgamento necessárias para adequarmos nossa técnica e nos adaptarmos a cada novo evento de urgência que se nos apresenta.

5.

APROXIMAÇÃO MÉDICA E APROXIMAÇÃO PSICANALÍTICA DO DOENTE EM CRISE

A escuta da subjetividade

Escutar não é uma tarefa tão fácil quanto pode parecer à primeira vista. Ouvir palavras repletas de dor, angústia ou sem nexo aparente, pode vir a ser um trabalho muito árduo. E, principalmente, se nos propomos a não fazer juízos críticos e a tentar desvendar o material inconsciente que se encontra por trás do discurso explícito daquele que nos demanda ajuda.

Na introdução ao livro *A primeira entrevista em psicanálise* de Maud Mannoni, Françoise Dolto faz uma descrição perfeita do conceito de "escuta" em psicanálise.

"As pessoas, na presença de um psicanalista, começam a falar como falariam com qualquer indivíduo e, no entanto, a forma única de escutar do psicanalista, uma escuta no sentido pleno do termo, faz com que o discurso delas se modifique, adquira um sentido novo aos seus próprios ouvidos. O psicanalista não dá razão nem a retira; sem emitir juízo, escuta. As palavras empregadas pelos consultores são as suas palavras habituais, mas a maneira de escutar é portadora de um sentido de apelo a uma verdade que os obriga a aprofundar sua própria atitude fundamental em relação a essa abordagem que eles ali fazem, e que não mostra nenhuma semelhança com nenhuma outra abordagem em relação aos psicólogos, educadores ou médicos. Efetivamente, estes, pela sua técnica, são orientados para a descoberta e a cura de uma deficiência instrumental. Respondem ao nível do fenômeno manifesto, do sintoma: angústia dos pais, perturbação escolar ou caracterial da criança, por um emprego de dispositivos de socorro específicos, preconizando medidas terapêuticas ou corretivas destinadas a reeducar.

Até o primeiro encontro com o psicanalista, o problema só é, pois, abordado ao nível da solicitação, e a solicitação existe tão somente a propósito de objetos de caráter negativo para o meio social: o êxito escolar, por exemplo, ou a ausência de distúrbios do caráter que perturbem a tranquilidade do meio social parecem, sempre em si, um objeto positivo. [...] Alguns sintomas aceitos como positivos pelo meio social frequentemente cego, que valoriza aquilo que o lisonjeia, são na realidade patológicos para o sujeito que não possui nenhuma alegria, nenhuma opção criadora livre, cuja adaptação é acompanhada de inadaptabilidade a outras condições que não sejam seu estrito *modus vivendi* [...]. Para o psicanalista, o que importa não são os sintomas aparentemente positivos ou negativos em si mesmos [...], mas o que significa para aquele que vive, exprimindo tal ou qual comportamento, o sentido fundamental de sua dinâmica assim presentificada e as possibilidades de futuro que, para este sujeito, o presente prepara, preserva ou compromete.

Seja qual for o estado atual aparente, deficiente ou perturbado, o psicanalista visa ouvir, por trás do sujeito que fala, aquele que permanece presente num desejo que a angústia autentica e, ao mesmo tempo, mascara. Presente emparedado nesse corpo e nessa inteligência mais ou menos desenvolvida, e que busca a comunicação com outro sujeito. O psicanalista permite que as angústias e os pedidos de socorro dos pais (ou de quem solicitou sua intervenção) sejam substituídos pela questão pessoal e específica do desejo mais profundo do sujeito que lhe fala. [...] O psicanalista, suscitando a verdade do sujeito, suscita ao mesmo tempo o sujeito e sua verdade" (p. 11 e 12).

Escutar uma pessoa pela primeira vez exige que se tenha em mente que, apesar de estarmos diante de um nosso semelhante, estamos sempre, também, diante de um diferente: um indivíduo com características próprias e peculiaridades exclusivas.

Teorias da constituição psíquica do ser humano são fundamentais como referências que podem nortear-nos para uma possível compreensão da situação que se apresenta. Devemos, porém, lembrar-nos que são construções genéricas, fundadas em hipóteses e observações sobre um determinado número de pessoas, mas que não incluem, necessariamente, aquele indivíduo com quem estamos naquele momento. Isto nos obriga, a cada nova demanda de auxílio, a descobrir (e a ajudar o paciente a descobrir) uma nova verdade.

Essa forma de trabalho, proposta pela psicanálise, é diferente de qualquer outra abordagem em Saúde. A proposição de não procurar lesões, falhas ou disfunções, por si, já abre um outro campo para a relação entre o terapeuta e o paciente. Não ir atrás do que está *errado* e sim de qual é o *certo* daquela pessoa mostra-lhe, desde o início, que se respeitará sua individualidade. Isto é fundamental, pois, frequentemente, a solicitação para atender determinada pessoa que apresenta um sofrimento emocional é feita por um parente, amigo ou até por intervenção de algum poder público (polícia, bombeiros, justiça...). O problema, então, geralmente só é abordado no plano de seu caráter negativo para o meio social: incapacidade de produzir em termos econômicos; insucessos escolares, profissionais ou familiares; distúrbios que perturbem a tranquilidade do entorno. Levam-se raramente em conta seus valores culturais, suas possibilidades criativas, sua liberdade de escolha.

É comum nos depararmos com indivíduos absolutamente desadaptados ao seu meio, seja pessoal, familiar ou social, totalmente aprisionados nas malhas de desejos alheios, o que os torna incapazes para qualquer tipo de criatividade própria. Muitos, no entanto, conseguem "equilibrar-se" de algum modo pela vida, a ponto de apenas requererem ajuda em uma situação de crise maior.

"Caso João"

Certa vez, em um hospital psiquiátrico, fui chamada para atender a uma urgência: um paciente tinha subido, já fazia horas, ao telhado de um dos pavilhões e recusava-se a descer.

João estava sentado na beirada do telhado, a uns sete metros de altura. Havia um pequeno tumulto embaixo: outros pacientes e profissionais da instituição dando seus "palpites". Uns gritavam para ele se atirar, outros diziam que, se ele não descesse imediatamente, levaria eletrochoque. Do outro lado, um funcionário da clínica tentava encostar uma escada e, a cada tentativa, o paciente ameaçava se jogar.

Pedi que as pessoas que estavam à volta fossem afastadas e perguntei à enfermeira do pavilhão o que tinha acontecido. Ela contou que o paciente tinha sido internado por um quadro depressivo grave e recusava-se a comer. Estávamos no horário do almoço e a enfermeira tinha tentado fazer João se alimentar.

Perguntei a João por que ele tinha subido ao telhado. Respondeu que não ia comer "aquela lavagem" que estavam tentando fazê-lo engolir. Perguntei o que gostaria de comer e ele pediu café com leite e pão com manteiga. Providenciei esse pedido e o paciente, espontaneamente, solicitou uma escada para descer.

Após fazer aquilo que foi sua primeira refeição em uma semana, João contou que morava com a mãe e que esta sempre o obrigava a comer aquilo que não lhe apetecia. A mãe, ele não tinha coragem de enfrentar. Precisou "enlouquecer" para se liberar do aprisionamento aos desejos maternos. No hospital, no entanto, encontrou outra *"mãe" que também acreditava ter o saber sobre as necessidades e os desejos daquele indivíduo de 35 anos de idade.*

Esse é um cuidado fundamental a ser tomado quando se lida com o sofrimento psíquico e marca uma diferença importante com outros tipos de abordagem em Saúde. Deve-se, a todo custo, evitar colocar-se como detentor do saber sobre o corpo, a saúde ou a vida daquele que solicita ajuda. Ao pedir, direta ou indiretamente, auxílio, o sujeito mostra que está em sofrimento, mas isto não nos autoriza a considerá-lo "retardado" ou a infantilizá-lo. Não é porque um indivíduo, por algum motivo, em determinado momento de sua vida, fica impossibilitado de reagir de forma adequada a uma situação de crise que se deve considerá-lo deficiente ou incapaz. Ao fazer isto, pelo contrário, suprime-se a possibilidade de que, com nossa ajuda, o paciente venha a encontrar em si mesmo as forças e condições para enfrentar sua problemática atual. Poderá, também, dessa forma, descobrir que, se tiver de se deparar com uma nova situação difícil em sua vida, não precisará se desesperar. Poderá contar tanto com um profissional quanto consigo mesmo para resolver suas questões.

Essa não é uma tarefa fácil para quem foi treinado, como geralmente o são os profissionais de Saúde, para detectar e curar a lesão, o órgão doente ou o déficit funcional. Sua tendência é a de procurarem no sintoma o sinal de alguma deficiência. Avaliam, mandam fazer exames de laboratório, orientam quanto ao uso de medicamentos, dietas e cuidados a serem tomados.

Os sofrimentos psíquicos também podem vir acompanhados ou imbricados a doenças orgânicas, mas, sem deixar de atentar para estas, eles também exigem um outro tipo de intervenção.

O corpo enquanto portador de sintomas psíquicos

Foi a partir da atenção voltada aos sintomas físicos, cuja etiologia orgânica não conseguia detectar, que Freud começou a elaborar as bases da Psicanálise. Grande parte de suas pesquisas foi dedicada à busca da compreensão da histeria. Os sintomas histéricos produzem alterações que, desde o seu estabelecimento, excluem qualquer lesão física.

Desde 1892, Freud começou a propor hipóteses para sua etiologia, ligando-a, a princípio, a uma situação traumática real. A seguir, tratou de pesquisar sua correlação com a sexualidade e a retirada da consciência (tornar inconsciente, reprimir ou recalcar) das ideias e dos afetos inaceitáveis. Passou, então, a crer que a rememoração das representações[1] assim reprimidas poderiam eliminar as formações conversivas histéricas (converter afetos ou representações psíquicas penosos em sensações físicas). Disso, mais adiante, surgiu a técnica

---

[1] Representação refere-se, aqui, à marca deixada na memória por uma percepção anterior (marca mnêmica, "lembrança").

da associação livre, em que a prioridade é a escuta da fala do paciente, tal como ela lhe surge espontaneamente.

Decorrido mais de um século dessas primeiras formulações teóricas, continuamos a privilegiar a busca de sentido dos sintomas físicos nas palavras que nos são ditas.

Françoise Dolto (1983) relata um caso em que isto evidencia-se claramente.

"— Estou com dor de cabeça – dizia um filho único de três anos. (Ele me foi trazido porque era impossível mantê-lo na escola maternal, onde não parava de queixar-se da cabeça. Parecia doente, passivo e dorido. Era, além do mais, sujeito a insônia, estado para o qual seu médico não encontrava causa orgânica.) Comigo ele repetia o seu solilóquio. Perguntei-lhe:

— Quem diz isso?

E ele continuava a repetir em tom de lamúria:

— Estou com dor de cabeça.

— Onde? Mostre-me onde é que a sua cabeça está doendo. – Era a primeira vez que lhe faziam tal pergunta.

— Ali – aponta uma região da coxa perto da virilha.

— E ali é a cabeça de quem?

— Da mamãe. – Essa resposta, podem crer, estarreceu ambos os pais presentes.

A criança era filho único de uma enxaquecosa psicossomática, superprotegida por um marido terno, 25 anos mais velho que ela. O fato de ser filho único significava assim sua neurose de impotência e sua fobia da sociedade, por uma provocação até então escutada, a fim de ser superprotegido. O contato com o psicanalista permitiu que a criança, ao longo de um número muito restrito de entrevistas, não mais se alienasse na identificação com este casal ferido por sua vida difícil." (p. 14)

Qualquer outro profissional, não atento à possibilidade de existência de um outro nível de interpretação de uma queixa sintomática, continuaria as investigações clínicas nesse garoto, sem nunca imaginar perguntar-lhe de quem era a cabeça da qual ele se queixava. Com certeza, nenhum outro colega, treinado para procurar lesões ou desvios de função, se preocuparia em conhecer a história de vida desse garoto e de seus pais ou a serviço do que uma doença pode estar em um membro de uma família[2]. Isto porque a existência de fatores da ordem do inconsciente ainda não é um lugar comum. Mas, quando temos isto em mente, podemos deparar-nos com coisas totalmente inesperadas.

"Caso Sueli"

Sueli, uma moça de vinte anos, que eu estava entrevistando na presença da mãe, disse: "– Preciso de um aparelho de surdez".

À parte de algumas palavras ditas esporadicamente, ficava calada, com o rosto virado para a parede e os olhos baixos, como se estivesse envergonhada. Ela tinha vindo à entrevista com uma

---

[2] Trataremos mais detalhadamente desta questão no tópico: "A escuta da família, na emergência", no capítulo 6.

saia extremamente curta e ficava, o tempo todo, puxando-a para tentar cobrir as coxas que teimavam em ficar expostas.

Era a filha mais velha de duas irmãs. Sua mãe tinha se separado do marido quando as crianças eram pequenas e, desde então, vivia à custa de "presentes" recebidos de namorados.

Teve seu primeiro surto psicótico na puberdade. Passou por internações, terapias medicamentosas e eletrochoques, mas nunca mais conseguiu dizer uma frase que fizesse sentido para os que a cercavam.

Achei importante perguntar-lhe para que precisaria de um aparelho de surdez, apesar de sua mãe dizer, rindo:

— Tá vendo? ela não fala coisa com coisa!

A despeito disso, Sueli respondeu:

— Para não ouvir os gritos de minha mãe.

Ao escutar esta resposta quase coerente, a mãe espantou-se muito. Começou a explicar que a vida vinha sendo muito dura para ela e que Sueli precisava entendê-la (!!!). A filha não lhe obedecia, enterrava no quintal as belas roupas que a mãe lhe comprava. Ela queria que sua filha ficasse bonita, pois já estava em idade de arrumar namorado e se "encaminhar na vida"...

Era notório que Sueli não era surda. Respondia, ainda que pudesse parecer que fosse de forma desconexa, às falas e aos estímulos auditivos que se produziam ao seu redor. Restava descobrir o que é que ela queria dizer com a frase: "Preciso de um aparelho de surdez". Eu não acreditava, como sua mãe, que ela "não dizia coisa com coisa". Eu pensava que sua fala tinha um sentido, mesmo que este não fosse evidente para nós, naquele momento.

Surdez, mutismo, cegueira, paralisias, paresias, parestesias e todo tipo de dores e sensações físicas podem ter origem em recusas ou conflitos psíquicos.

> Fala-se, em psicanálise, de conflito quando, no indivíduo, se opõem exigências internas contrárias. O conflito pode ser manifesto (consciente) entre um desejo e uma exigência moral, por exemplo, ou entre dois sentimentos contraditórios. O conflito também pode ser latente (inconsciente); neste caso, ele irá se exprimir de forma deformada no conflito manifesto ou se traduzirá pela formação de sintomas, desordens do comportamento, perturbações do caráter etc. (Laplanche & Pontalis, 1986, p. 131)

Quando um conflito se evidencia por meio de um sintoma no corpo, isto nos mostra que suas raízes estão no inconsciente.

Nas psicoses também aparecem, frequentemente, queixas de manifestações corporais. As queixas, aí, já são, porém, de outra ordem: sensações de desmembramentos, falta de órgãos, transformações no corpo...

"Caso Sueli" – parte 2

As forças que se opunham, no psiquismo de Sueli eram: por um lado, a necessidade de ouvir e obedecer a mãe e, por outro, a vontade de não escutá-la e de seguir seus próprios desejos.

Sueli "usou" o corpo para expressar uma recusa. Mostrou, por intermédio de sua fala, o quão insuportável era ouvir os gritos da mãe: preferia estar surda! Preferia ter uma deficiência auditiva a ter de suportar ver-se amadurecer e "encaminhar-se na vida". Não conseguia dizer, para a mãe, que não estava de acordo com sua forma de ganhar a vida e nem com as expectativas que esta tinha para o futuro de Sueli. Em suma, não podia expressar sua necessidade de romper com a dependência à mãe, à qual estava totalmente enredada.

Uma vez avaliados e tratados os possíveis componentes orgânicos do sintoma em questão, cabe-nos investigar sua causalidade psíquica. Com essa pesquisa poderemos ajudar o indivíduo a encontrar outra saída para expressar ou elaborar aquilo que motivou a formação de seu sintoma.

As atuações de conflitos e recusas

Vários dos casos relatados ao longo deste livro ilustram a formação de sintomas, seja no corpo (a "anestesia" na cabeça de Jeferson, a "dor de cabeça" do pequeno paciente de Dolto, a "anorexia" de João ou a "surdez" de Sueli), seja por atuações (as "tentativas de suicídio" de João e de Ricardo, o enterro das roupas de Sueli).

Jeferson sentiu sua cabeça anestesiar-se como forma de expressão dos traumas consecutivos que sua vida foi lhe trazendo: a morte da mãe, a pneumonia do filho, a perda do emprego.

João precisou parar de comer e até subir no telhado, para "dizer" que queria ter seus desejos levados em consideração.

Sueli teve de enterrar suas roupas na tentativa de mostrar à mãe que queria escolher por si mesma como vestir-se.

Nenhum deles tinha consciência do motivo pelo qual sentiam aquelas coisas ou porque respondiam aos incômodos ou às frustrações de suas vidas com aqueles sintomas ou aqueles atos. Se "soubessem", poderiam encontrar outras maneiras de elaborá-los. Teriam assim, também, a alternativa de escolher formas mais efetivas de modificar a realidade que lhes causava tais sofrimentos. Não teriam precisado somatizá-los ou atuá-los.

> Atuação ou *acting-out* é um termo usado em psicanálise para designar as ações que apresentam, a maior parte das vezes, um caráter impulsivo, rompendo com os sistemas de motivação habituais do indivíduo, relativamente isolável no decurso de suas atividades e que toma, muitas vezes, uma forma auto ou heteroagressiva. (Laplanche & Pontalis, 1986, p. 27)

Graves impasses de vida provocam, frequentemente, sérios conflitos psíquicos que, se perduram no sujeito, podem acarretar regressões. Se isto ocorrer, seu funcionamento mental tende a abandonar recursos proporcionados pelo seu desenvolvimento devido a sua inadequação em relação à situação que a realidade atual lhe impõe.

Um dos principais mecanismos que o ser humano adquire durante sua constituição psíquica é a capacidade de simbolização. Isto lhe dá a possibilidade de transformar, em sua mente, a representação de objetos, pessoas, situações, sensações físicas, desejos ou emoções em símbolos (representações que podem ser expressas em palavras).

Quando pensamos em indivíduos em crise, devemos ter em mente que, para eles, a função de simbolização pode encontrar--se comprometida. Eles podem, portanto, tender a tomar as coisas no concreto, "ao pé da letra". Ocorre uma espécie de "curto-circuito" entre o desejo ou a necessidade e o ato motor correspondente a sua satisfação, sem a intermediação de um processo de elaboração psíquica daquela pulsão.

*O desacordo de Sueli com relação ao modo de sua mãe querer vesti-la foi expresso no ato concreto de enterrar aquelas roupas. Ela foi incapaz de simbolizar seu desejo e de pô-lo em palavras. Precisou atuá-lo. Não pôde pensar: "**não** gosto destas roupas, por isso vou dizer a minha mãe que não quero usá-las" ou "**não** quero que minha mãe escolha as roupas que eu devo usar". Ela não podia dizer "não" à mãe pois estava fundida a ela. A dupla mãe-filha era uma unidade simbiótica[3] em que não deviam aparecer diferenças ou desejos individuais.*

---

[3] Simbiose refere-se à forma de interação entre dois seres que só conseguem sobreviver à custa da dependência mútua.

A necessidade de João "mostrar" que tinha gosto próprio precisou ser encenada nos atos de não comer e de subir ao telhado do pavilhão.

Ricardo teve de acabar com um carro e arrebentar-se todo para tentar fazer os pais verem que tinha "muita coisa errada"...

6.

A ESCUTA DA HISTÓRIA NAS EMERGÊNCIAS

A escuta do paciente na emergência

De regra, o problema que se apresenta é muito claro. O paciente sofre angústia, despersonalização, depressão, dúvidas, confusão ou qualquer outro estado identificável. As características do próprio problema que se apresenta servem, a miúde, de guia ao terapeuta em sua busca, por meio da história de vida e da situação atual, para chegar às formulações sobre hipóteses diagnósticas.

É fundamental respeitar a forma como cada indivíduo coloca suas questões, mesmo que fique evidente, para o terapeuta, que essa pessoa só percebe parcialmente sua problemática, que existem aspectos, nessa crise, que estão para além daquilo que o paciente pode ver nesse momento.

Quando nos deparamos, por exemplo, com indivíduos delirantes, convém ficarmos atentos para não fazermos muitas perguntas ou interrogatórios demasiadamente exaustivos. Eles podem interpretar isto como uma postura persecutória. Em situações como esta, uma vez explicitados os delírios, podemos "embarcar" temporariamente neles, em uma tentativa de extrair-lhes um sentido.

Quando Sueli me contou que precisava de um aparelho de surdez, não respondi: "Imagina, é óbvio que você ouve perfeitamente!" Se eu tivesse dito isso, a conversa se encerraria por aí e eu não teria descoberto como se originou sua problemática.

"Caso Ricardo" – parte 3

Quando entrevistei Ricardo pela primeira vez, ele disse: "Eu tenho poderes. Posso derrubar esta pia (que estava atrás de mim, no consultório), num único golpe, quer ver?" Se eu pensasse tratar-se só de um delírio e respondesse: "Que bobagem. Você não tem nenhum poder. Deixa disso!", o mínimo que poderia ter acontecido seria Ricardo machucar-se e ele já estava bastante ferido devido ao acidente de automóvel que tinha sofrido. Preferi responder: "Ora, não precisa demonstrar. É óbvio que você deve ter muitos poderes. Eu gostaria de saber quando é que você descobriu isto. Conte-me tudo a respeito.".

Começou a relatar uma série de façanhas de que se sentia capaz, como voar, teletransportar-se, atravessar paredes etc. Respondi: "Puxa, que fantástico! E o que é que você consegue com eles? Parece que esses poderes só beneficiam os outros. Você está bastante ferido e não me parece muito feliz."

Emergências psiquiátricas: uma abordagem psicanalítica

87

A partir daí, Ricardo passou a contar sua vida e sua infância, em que nada lhe faltara ou lhe fora negado pelos pais. Desde muito pequeno, bastava dizer que tinha visto tal coisa que gostara que, imediatamente, a recebia. Agora, ainda que sob o efeito de cocaína, acreditava ser mais forte que qualquer "Ninja", e mais poderoso que qualquer mortal. Admitiu, porém, que não se sentia feliz. Queria poder deixar as drogas porque sabia que lhe faziam mal e que seus pais não gostavam, mas não conseguia. Não podia agradar os pais, por isso estava infeliz.

Disse-lhe que poderia tentar ajudá-lo a deixar as drogas e ele imediatamente se dispôs ao tratamento. A seguir, pedi que a família entrasse, para combinarmos um projeto terapêutico.

A escuta da família na emergência

É sempre interessante ter-se o maior número de informações, o mais rápido possível, para fazermos hipóteses com relação ao vivido daquele indivíduo, visto por si mesmo e por outros, que convivem com ele, no intuito de nortear um diagnóstico e uma proposta terapêutica.

A família pode ser entrevistada simultaneamente na primeira entrevista à qual o paciente esteja sendo submetido. Devemos sempre assegurar-nos de comunicar à família, antes de iniciar a entrevista, de que os dados ali colhidos poderão ser utilizados e relatados ao paciente, caso eles sejam úteis, se um futuro tratamento for proposto.

Sugiro esse tipo de abordagem para um primeiro contato, tomando o cuidado para que o paciente, desde o início, seja acolhido de uma forma particular que lhe garanta um espaço de privacidade. Para que ele tenha um lugar com o qual possa contar, futuramente, para sua individuação e autonomização da família, quando isto se fizer necessário.

Se esse tipo de entrevistas, feitas em espaços separados, não for viável devido à estrutura de funcionamento ou situações excepcionais, que tão frequentemente se dão nas instituições que recebem pacientes graves, sugiro que se atenda primeiro ao paciente designado, para, depois, ouvir-se a família e, nesse caso, sempre que possível, fazê-lo na presença do paciente. Isto para que o paciente possa sentir sua fala e suas questões privilegiadas em relação às do restante da família.

Essa última forma de entrevista tem a vantagem de oferecer, também, uma observação da dinâmica familiar na presença do paciente. Mostra como a família relaciona-se com este seu membro em crise. Já podemos, assim, fazer observações da *relação familiar*.

Entende-se por *relação familiar* a forma de interagir, de falar, de sentar-se, a divisão do espaço da casa, a atribuição dos nomes dos filhos etc., dentro daquele grupo familiar.

Vejamos como isto pode ser observado na prática clínica.

Sueli vinha vestida com uma saia curtíssima, tentando, o tempo todo, puxá-la para cobrir as pernas. Sentava-se com o rosto voltado para a parede e o olhar baixo. Sua maneira de falar era "desconexa e incoerente", nos poucos momentos em que se dispunha a isso.

A mãe, por seu lado, vinha trajada de maneira extremamente exuberante, com um imenso decote que mal lhe cobria os seios. Falava e ria alto, sem nenhum pudor em criticar a filha ou em relatar suas aventuras amorosas perante uma pessoa desconhecida (falou a respeito disto desde nosso primeiro encontro). Contava que a filha ocupava um quartinho nos fundos da casa, onde dormia junto com a avó – a única pessoa, na casa, que "suportava" Sueli.

Desde essa primeira observação, ficou evidente o quanto essa paciente ocupava um lugar de "apêndice" na vida dessa casa e dessa família.

Quando os pais de Ricardo entraram no consultório, ele literalmente encolheu. Seu pai era um mulato de 1,90 metros de altura, pesando uns 110 kg. Ao lado do filho, um rapazinho franzino e cabisbaixo, Sr. Raimundo parecia uma montanha. A mãe, uma senhora pequenina e vestida de uma forma descuidada, não abriu a boca durante toda a entrevista. Mesmo quando as perguntas eram dirigidas diretamente a ela, era o marido quem respondia. Foi ele quem me contou a respeito da gestação e do parto do filho e até do que a mulher sentia durante a gravidez (!!!).

Ficou óbvio, para mim, que Ricardo precisava mesmo de poderes sobre-humanos para existir na presença desse pai...

Tomar conhecimento da maneira como os membros de uma família falam (ou não falam), como eles se sentam, como interagem na presença uns dos outros e qual a distribuição do espaço da casa, possibilita fazermos suposições quanto ao significado inconsciente que determina esse tipo de relação, nessa família. Esse modelo pressupõe que as relações familiares têm um caráter simbólico cujo significado se encontra na *estrutura familiar inconsciente*.

O modelo ao qual me refiro é o *psicanalítico-estrutural das relações familiares*, a partir da leitura que Berenstein (1987) faz dele.

A *estrutura familiar inconsciente* organiza tanto as relações atuais quanto as recordadas e relatadas como históricas. Contém o significado, a ordem, o sentido e é um objeto em si mesma, distinta dos sujeitos que a formam. Estes são apenas elementos ou signos dentro de um conjunto. Levar em conta a estrutura nos torna inteligíveis as relações aparentemente incompreensíveis, díspares e, frequentemente, contraditórias de seus integrantes. Essas relações ficam incoerentes se não as consideramos em seu conjunto, isto é, a partir da estrutura familiar inconsciente (p. 118).

O paciente em crise, muitas vezes sofre uma regressão diante de uma frustração provocada pela realidade. Estaria, portanto, mais propenso a operar uma distorção da simbolização da realidade. O padecimento pelo qual o sujeito está passando faz com que ele volte toda sua atenção para si mesmo. Freud (1917 [1915]) chama esse mecanismo de *retração narcísica da libido*. De um estado em que o indivíduo percebe e investe sua energia no mundo exterior, retorna a uma forma mais primitiva de funcionamento, uma fase de sua constituição psíquica denominada "fase narcísica". Nessa etapa de seu desenvolvimento, o ser humano não consegue distinguir o mundo externo do mundo interno e funciona segundo o princípio da satisfação de suas necessidades e da eliminação daquilo que pode causar-lhe desconforto (princípio do prazer).

Em famílias psicóticas, essa forma de funcionamento, em que um ou, frequentemente, vários de seus membros se encontram imersos em seu próprio narcisismo, muitas vezes, está tão cristalizada que o *paciente designado* só encontra saída desse tipo de relação *desubjetivante* por meio de crises de "loucura" ou de tentativas de suicídio.

Aquele que acaba chegando a nós como *paciente designado* representa o expoente da "loucura familiar". Costuma-se, também, chamá-lo de "bode expiatório". É quem se ocupa, por meio de sua doença, de preservar a integridade e o equilíbrio dos outros membros de sua família (*homeostase familiar*). A crise se dá quando o paciente designado é confrontado com situações da realidade que lhe exigem coisas para além desse lugar daquele que satisfaz e protege seus familiares nas necessidades deles.

Tanto a mãe de Sueli quanto os pais de Ricardo mostraram que pretendiam, por intermédio dos filhos, obter a satisfação de desejos próprios e sobrepujar frustrações pessoais de vida. Para "agradar" essa mãe, sentir-se amada por ela, Sueli abriu mão de desejos e projetos próprios de vida, "enlouquecendo". Ricardo, além de "enlouquecer", estava se matando.

O ser humano não nasce com a capacidade de discernir a realidade externa da interna. O bebê sente fome e vem um seio saciá-lo. Não "sabe" que existe uma mãe* que está atenta a suas necessidades e que "providencia" que ele não sinta desconforto. É na descontinuidade desses cuidados, na falta da prontidão à eliminação de suas insatisfações, que ele vai ser obrigado a "descobrir" que existe uma outra pessoa além de si mesmo. A partir daí, de início chorando e, mais tarde, falando, a criança aprende a comunicar-se para lidar com sua realidade interna e externa.

Quem ensina, portanto, seu sistema de comunicação é a mãe que reconhece o que o filho pede por meio da qualidade de seu choro e lhe nomeia o pedido: "Está com **fome?**"; "Coitadinho, está todo molhado, deve estar com **frio!**" ou "Sentiu **saudades** da mamãe? Quer **colo?**".

Se, no entanto, a mãe não tem um sistema coerente de comunicação por estar psiquicamente doente, mobilizada por questões de sua própria vida (atuais ou antigas), sua capacidade de percepção e reconhecimento das necessidades do filho fica distorcida. Essa criança vai aprender a se comunicar com esse mesmo discurso incoerente ou anacrônico. Discurso refere-se, aqui, não apenas ao verbal, mas a todo um conjunto de significações que o designa e o situa.

---

* Mãe ou seu representante nos cuidados maternos imprescindíveis ao bebê.

Uma mãe, por exemplo, ferida em sua própria autoestima pelo abandono do marido, pode transmitir ao filho a ideia de que todos os homens são incapazes de assumir responsabilidades. Mostrando-se agressiva com o sexo oposto, denegrindo atributos masculinos ou simplesmente desprezando os indivíduos do sexo masculino, essa mãe indica ao filho que os homens não são passíveis de admiração, de respeito ou até de desejo por parte dela. Se esse filho for do sexo masculino, isto poderá causar graves problemas com relação a sua própria autoimagem. Se for uma filha, ela poderá vir a ter grandes dificuldades em suas relações com o sexo oposto, ao longo da vida.

Ferreira (1974) chama esse discurso de *mito familiar*. Esse conceito refere-se a um número de crenças, bem sistematizadas e compartilhadas por todos os membros de uma família, a respeito de seus papéis mútuos e da natureza de sua relação. Contém as regras da relação (muitas vezes inconscientes), compartilhadas e aprovadas por todos os seus membros, como se se tratassem de verdades absolutas.

Mitos não são exclusividade de famílias patológicas. Uma certa cota de mitologia familiar é necessária para se manter um corpo de discurso familiar coerente e capaz de oferecer uma base à subjetivação fantasmática de seus integrantes. Os mitos familiares determinam redes de lealdade, a partir das quais ficam demarcadas, para a criança, uma missão ou missões a cumprir na vida, em resposta a sinais que refletem os desejos, as expectativas, os temores e as fantasias de seus progenitores[1].

---

[1] Freud nomeia essa instância de "ideal de ego".

"Caso Ricardo" – parte 4

Os pais de Ricardo tinham tido uma infância muito pobre e sofrida. Chegaram a passar fome. O pai começou a trabalhar na roça aos cinco anos de idade e a mãe em "casa de família" aos doze. Eles idealizaram uma vida diferente para seus filhos. Com árduo trabalho, o pai tornou-se um empreiteiro de grande sucesso financeiro e disse: "Para meus filhos, não vai faltar nada. Tudo que eles quiserem, vão ter!". Assim, desde muito pequeno, Ricardo aprendeu que, para ele, não existiam limites. Seus desejos eram prontamente satisfeitos e, dia após dia, procurava novas formas de testar a onipotência parental. Era rebelde na escola e os pais, pagando, trocavam-no de colégio, para que ele fosse "passado de ano". Quebrava objetos em casa e os pais repunham. Brigava e batia em colegas e os pais o defendiam.

Só quando começou a drogar-se, os pais não conseguiram mais satisfazê-lo. Foi outra forma com a qual tentou "mostrar" que seus pais não podiam tudo. Por meio de uma busca de prazer que, simultaneamente, era um ataque ao corpo e uma ameaça à vida, Ricardo tentava fazer seus pais se confrontarem com uma impotência. Todas essas suas atuações eram sintomas de uma impossibilidade familiar em lidar com os limites humanos, com a falta, com a castração[2]. O jovem tentava "dizer", por meio de sua

---

[2] Castração refere-se, simbolicamente, ao momento, na saída do complexo de Édipo, em que o filho recebe a "mensagem" de que ele não pode ter a mãe, nem ser aquele que a completa. A partir daí, ele tem de buscar suas satisfações em outro lugar, não mais no meio familiar.

"loucura", que o prazer de realizar o desejo parental por intermédio de seu corpo e de sua vida estava tirando-lhe a vida própria e a própria vida.

Mesmo assim, apesar de acharem que "tinha alguma coisa errada" com o filho, não permitiram que ele fosse tratado. Estavam obcecados demais com seu grande "plano de vida", seu mito familiar, para se permitirem perceber que era um projeto deles e não o de Ricardo, de não sofrer frustrações.

Berenstein (1987) diz, apresentando as hipóteses de Lidz a respeito da *Transmissão da irracionalidade*, que o esquizofrênico[3] escapa de um mundo insustentável, no qual é incapaz de fazer frente a conflitos insolúveis, mediante uma distorção na simbolização da realidade. O paciente reconquista o domínio possuído em sua infância, quando podia ceder ante a força de seus desejos, antes que a realidade estivesse firmemente estruturada (onipotência narcísica infantil).

O ser humano não nasce com a capacidade de perceber as relações causais. É nos meios social e familiar que se condicionam as formas de perceber, pensar e comunicar-se. O significado pragmático referido ao sentido da realidade é medido em termos de como as percepções levam a uma ação modificadora do mundo que nos rodeia e a uma interação possível com as pessoas que integram o meio em que se vive.

---

[3] Lidz usa o termo *esquizofrênico* para referir-se a pacientes psicóticos em geral e aos que ele chama de *seriamente perturbados*.

A necessidade de segurança emocional leva a uma sistematização de certas ideias ou sistemas de ideias que podem seguir uma direção contrária à da experiência. Se essas ideias são culturalmente aceitas, são "crenças" e se não são, podem ser chamadas de "delírios". Resultam de uma suspensão de determinados aspectos da experiência, separando-os (clivando-os) do restante do material que o indivíduo consegue perceber, para que não entrem em conflito. A adesão a um axioma ao qual a percepção do meio ambiente deve ajustar-se requer uma distorção da realidade, uma recusa da realidade. Nesse sentido, a família oferece interpretações da realidade que são de utilidade muito limitada se estão, primordialmente, a serviço de manter o precário equilíbrio mental dos pais (p. 121).

Bernard Pénot, estudando as *Figuras da recusa*, confirma essas proposições:

"A problemática da rejeição (recusa) da realidade, em suas diversas modalidades clínicas, parece ter suas raízes na herança de uma dificuldade em dar sentido, que se conjugaria ao passado anterior, em 'anterioridade' a toda história individual. [...] O real não seria apreensível por cada um, e não poderia representar alguma coisa, senão através das figuras parentais, e do 'discurso' do qual estas são o suporte originário" (p. 9).

Ao estudar a transmissão da irracionalidade, Lidz detectou pais com claro diagnóstico de esquizofrenia ou seriamente comprometidos, sem diagnóstico de psicose. São pais emocionalmente muito perturbados que, para preservar sua própria integridade, chegaram a limitar seu meio mediante rígidos preconceitos. É um estado psicopatológico de cada um dos integrantes da dupla parental, com perturbações no vínculo matrimonial, que transmite irracionalidade aos novos membros da família.

Por precisar se proteger do mundo, os pais leem os fatos de maneira distorcida para os filhos para confirmar essa necessidade. A aceitação de experiências mutuamente contraditórias requer um pensamento patológico. O meio produz um treino na irracionalidade, um adestramento na recusa.

Tratar-se-ia de uma pessoa cronicamente exposta à irracionalidade e às comunicações intrafamiliares deturpadas, recebendo a recusa do percebido como uma óbvia interpretação do meio. Isso incluiria o reconhecimento e o próprio entendimento dos impulsos e da conduta afetiva dos membros da família.

Lidz observou duas características nesse tipo de pais:

1. **Impermeabilidade**: uma impossibilidade de ouvir o filho e perceber suas necessidades emocionais. Esses pais falam com frases feitas e estereótipos e apenas desde aí percebem o filho.

"Ela não fala coisa com coisa."; "Quem planta, colhe."; "Ela já está na idade de se encaminhar na vida.", eram frases corriqueiras na boca da mãe de Sueli.

2. **Encobrimento**: habilidade de um ou de ambos os pais para ocultar uma situação muito perturbadora dentro da família e atuar como se ela não existisse. O encobrimento contém um alto grau de autodecepção. O esforço de ocultá-lo aos outros envolve tanto uma negação como uma recusa da realidade. São famílias que não aderem às ideias culturalmente aceitas de causalidade e significado. Suas ideias e sua comunicação ficam distorcidas porque um ou ambos os pais viram-se forçados a abandonar a racionalidade para defender suas próprias estruturas egoicas (Berenstein, 1987, p. 122).

"Caso Ricardo" – parte 5

Assim que Ricardo se recuperou fisicamente do desastre de automóvel, os pais o levaram para casa, apesar da enérgica orientação feita por vários membros da equipe do hospital psiquiátrico de que, psiquicamente, ele ainda estava muito mal.

Dois anos depois, eles voltaram ao hospital com o filho porque ele estava vendendo objetos e aparelhos da casa para comprar drogas e estava sendo processado por ter atropelado e matado uma mulher grávida. A família já não conseguia mais manter sua "loucura" entre as paredes de sua casa. Ela estava ultrapassando os muros com os quais eles vinham tentando escondê-la.

7.

A QUESTÃO DO SUICÍDIO

A urgência subjetiva mais radical é o suicídio. Mediante uma passagem ao ato, o indivíduo se coloca simultaneamente como objeto (aquele que vai ser morto por sua total impotência de fazer frente às frustrações que a realidade lhe trouxe) e como sujeito (aquele que tem o poder absoluto sobre a vida e a morte).

Se, na montagem dessa sua derradeira cena, introduzimos um terceiro personagem (um terapeuta), podemos modificar o rumo do diálogo suicida, impedindo a onipotência de vencer. Damos, com isso, a chance para que o enredo mude seu curso para um final menos dramático.

Tratando-se, como frequentemente acontece, de pessoas que nos são desconhecidas, devemos sempre tomar a ameaça de morte como um fato real. Temos de supor que aquele indivíduo esteja, efetivamente, cogitando subtrair a própria vida. Ter essa atitude, perante o paciente, sua família ou as pessoas que o cercam naquele momento, já nos permite obter sua confiança. Mostramos, dessa forma, que estamos "levando a sério" uma situação que, para eles, sempre se apresenta como grave. Isto se aplica não apenas à questão do atentado à vida física, mas, também, aos ataques sofridos ou autoinfringidos à vida psíquica.

Muitas vezes nos deparamos com situações que nos são apresentadas como "acidentais", mas que, após uma investigação mais apurada, mostram ter sido uma tentativa de suicídio consciente ou "semiconsciente".

"Tais ocorrências de modo algum são raras, inclusive nos casos de gravidade moderada, e denunciam o papel desempenhado pela intenção inconsciente através de uma série de traços particulares — por exemplo, a notável serenidade com que os pacientes encaram o suposto acidente. [...] Quem acreditar na ocorrência de ferimentos semi-intencionais autoinfligidos — se me for permitido usar essa expressão desajeitada — também estará disposto a supor que, além do suicídio intencional consciente, existe uma autodestruição semi-intencional (com uma intenção inconsciente), capaz de explorar habilmente uma ameaça à vida e mascará-la como um acidente casual. Não há por que supor que essa autodestruição seja rara. É que a tendência à autodestruição está presente em certa medida num número muito maior de pessoas do que aquelas em que chega a ser posta em prática; os ferimentos autoinfligidos são, em geral, um compromisso entre essa pulsão e as forças que ainda se opõem a ela. Mesmo nos casos em que realmente se consuma o suicídio, a propensão a ele terá estado presente desde longa data, com menor intensidade ou sob a forma de uma tendência inconsciente e suprimida. Mesmo a intenção *consciente* de cometer suicídio escolhe sua época, seus meios e sua oportunidade; e é perfeitamente consonante com isso que a intenção *inconsciente* aguarde uma ocasião que possa tomar a seu encargo parte da causação e que, ao requisitar as forças defensivas do sujeito, liberte a intenção da pressão destas." (Freud, 1901, capítulo VIII).

Anos atrás, em um plantão de pronto socorro clínico, uma senhora precisou ser submetida a diversas lavagens gástricas por ter ingerido raticida. Quando pudemos conversar, ela me contou que tinha acordado no meio da noite com fome. Fazia dois dias que não comia. Tanto ela quanto o marido estavam desempregados há vários meses. Seus filhos precisaram ser entregues para adoção, "para terem o que comer".

Naquela noite, ela foi à cozinha e preparou um "mingau" com o raticida. "Pensou que fosse 'Maizena'", disse-me ela, calmamente.

O suicídio é uma das situações emergenciais mais graves e difíceis de trabalhar com a qual podemos nos deparar. Avaliar corretamente o risco do evento efetivar-se implica, muitas vezes, contabilizar equações bastante complexas. Precisamos descobrir o quão suportável é essa determinada vivência para aquele indivíduo. Que circunstância de sua vida motivou tal decisão. Em que momento de sua história essa experiência veio inserir-se. A quem ou o que pretende atingir com isto. Qual é o sentido que a pessoa acredita poder atribuir a esse seu ato. Qual é sua verdadeira determinação em conseguir efetuar esse autoataque.

"Caso Ricardo" – parte 6

Ricardo passou anos tentando mostrar aos pais que não podia concretizar os sonhos deles de que nada lhe faltasse. Primeiro, sendo expulso das escolas que frequentou, denunciava sua incapacidade de se adaptar às normas que lhe eram propostas. Depois, desinteressando-se por tudo que a família lhe oferecia. E, finalmente, explicitando, nos ataques à própria vida (uso de drogas, acidente com seu carro) e à dos outros (atropelamento da mulher grávida) o quanto ele era falho, mas poderoso. Podia até matar.

Expunha, assim, o fato de seus pais não poderem dar-lhe a plenitude e nem ele a de seus pais. Tentava desmontar, dessa maneira, suas fantasias de terem um filho para quem a falta não existisse.

Imersos em sua onipotência, esses pais, porém, nada conseguiam ver. Nada ouviam e nada podiam entender daquilo que o filho se desmanchava em tentar mostrar. Pouco tempo após sua segunda passagem pelo hospital psiquiátrico, aos 19 anos de idade, Ricardo se deu um tiro na cabeça, usando o revólver do pai, no quarto deste.

Ficou evidente para mim, que acompanhei o caso, que Ricardo fazia, dessa forma, sua derradeira tentativa de fazer os pais perceberem que "tudo tem limite". Usar a arma de Sr. Raimundo, no próprio quarto deste, demonstrava a intenção (provavelmente inconsciente) de Ricardo de destinar esse seu último ato ao pai. Ricardo continuou tentando explicitar, da forma mais radical, quando nenhuma outra tentativa anterior teve sucesso, a potência-impotência dessa dupla simbiótica que ele constituía com seu pai.

Todas as intervenções familiares propostas por mim e pela equipe do hospital psiquiátrico tinham sido rejeitadas pelo Sr. Raimundo. Ele repetia, com veemência, que o único que precisava ser tratado era o filho. Era este quem usava drogas, atropelava pessoas, estourava os carros, quebrava e roubava coisas da casa. Sr. Raimundo era um homem bem-sucedido na vida. Era um grande empresário, um excelente marido e pai de família. Nada lhe faltava...

Em vários momentos de sua obra, Freud tratou de entender o suicídio. Em seu texto sobre *Luto e melancolia*, por exemplo, ele correlaciona o ataque à própria vida com a tentativa do sujeito matar o objeto[1] com o qual se identificou[2] e introjetou[3] após sua perda. E retoma essa hipótese em outros trabalhos.

> Tendo a análise explicado o enigma do suicídio da seguinte maneira: é provável que ninguém encontre a energia mental necessária para matar-se, a menos que, em primeiro lugar, agindo assim, esteja ao mesmo tempo matando um objeto com quem se identificou e, em segundo lugar, voltando contra si próprio um desejo de morte antes dirigido contra outrem. Tampouco a descoberta regular desses desejos de

---

[1] Objeto tem, aqui, o sentido da pessoa ou da coisa (bens materiais, ideal, profissão) na qual o sujeito fez um investimento afetivo.

[2] Identificação é um mecanismo pelo qual o indivíduo toma para si uma ou várias características da personalidade de outrem.

[3] Introjeção significa fazer passar, de um modo fantástico, de "fora" para "dentro" objetos ou qualidades desses objetos do investimento afetivo.

morte inconscientes naqueles que tentaram o suicídio precisa surpreender-nos (não mais do que deveria para fazer-nos refletir que isso confirma nossas deduções), de vez que o inconsciente de todos os seres humanos se acha bem repleto de tais desejos de morte, até contra aqueles a quem amam. (Freud, 1920b)

Desfechos como este de Ricardo, infelizmente, apresentam-se para quem trabalha com pacientes gravemente comprometidos. Nem sempre conseguimos entender um caso com a rapidez necessária para intervir. Deparamo-nos, algumas vezes, com situações nas quais a tolerância ao sofrimento já atingiu o limite para aquele indivíduo, impossibilitando-nos de aliviá-lo. Pode ocorrer, também, não termos acesso a informações suficientes ou devidamente precisas para conseguirmos atuar da forma mais adequada àquela situação. Nem sempre, por outro lado, entenderemos totalmente o funcionamento psíquico daquele sujeito em particular.

Existem alguns neuróticos em quem, a julgar por todas as suas reações, o instinto de autopreservação na realidade foi invertido. Eles parecem visar a nada mais que à autolesão e à autodestruição. É possível também que as pessoas que, de fato, terminam por cometer suicídio pertençam a esse grupo. É de se presumir que, em tais pessoas, efetuaram-se defusões de instinto de grandes consequências, em consequência de que houve uma liberação de quantidades excessivas do

EMERGÊNCIAS PSIQUIÁTRICAS: UMA ABORDAGEM PSICANALÍTICA

instinto destrutivo voltado para dentro. Os pacientes dessa espécie não podem tolerar o restabelecimento mediante o nosso tratamento e lutam contra ele com todas as suas forças. Mas temos de confessar que se trata de caso que ainda não conseguimos explicar completamente. (Freud, 1940 (1938), capítulo VI)

Freud preconiza, em suas últimas elaborações teóricas, a existência de duas pulsões fundamentais (instintos, segundo a tradução da citação, usada acima). São a pulsão de vida e a pulsão de morte que coexistem e interagem no aparelho psíquico.

Pode ocorrer uma defusão dessas pulsões, quando a pulsão de morte separa-se, adquire autonomia em relação à pulsão de vida. Dessa forma, a pulsão de morte tende a atingir seu alvo, que é o da redução completa das tensões. O ser vivo pode, assim, alcançar o estado do repouso absoluto do inorgânico: a morte.

8.

Estratégias de intervenção

Técnicas de intervenção

A experiência mostra-nos que raramente nos deparamos com verdadeiras urgências, em que a crise não pode esperar. Na maioria das vezes, trata-se de emergências que nos permitem uma avaliação e uma interpretação dos fatos, assim como dos recursos terapêuticos antes de intervir. Muitas crises, assim nomeadas por quem nos convoca, diluem-se ou diminuem quando contemos a angústia desse que nos chama.

"Caso Clara" – parte 3

Clara me deixa um recado desesperado na secretária eletrônica. Pede que eu retorne a ligação imediatamente. Vai adiantando que seu namorado está ameaçando jogar-se pela janela.

Pouco depois, quando ligo de volta, Clara atende com a voz trêmula, como se estivesse sem fôlego. Pergunto o que está acontecendo. Conta que não via Flávio há uns dez dias. Tinham brigado. Ficou com saudades dele e resolveu ir visitá-lo. Ao chegar, Flávio disse que passara os últimos três dias sem se alimentar. Só bebeu. Ele estava visivelmente embriagado. Desde que se conheceram, há dez anos, ele sempre recendia a álcool. Normalmente, porém, ele não aparentava embriaguez. Esta era, para Clara, uma das qualidades de Flávio: sua impressionante resistência à ingestão de grandes quantidades de bebida alcoólica.

Naquele dia, no entanto, ele contou que não saía da cama, nem para tomar banho, desde que tinha descoberto que um amigo o tinha roubado. Flávio dera-lhe o número da senha de seu cartão bancário para verificar seu saldo e o amigo sacou todo dinheiro que encontrou lá.

Clara ficou algumas horas ouvindo seu namorado dizer o quanto estava decepcionado com as pessoas, com o mundo... Seus filhos e sua ex-mulher só o procuravam quando precisavam de dinheiro. Agora, até o amigo de tantos anos, em quem confiara tanto, o traía... Não via mais motivo para viver. A única alternativa que lhe sobrava era jogar-se pela janela.

Clara estava em análise comigo há dezoito meses quando ocorreu esta situação. Ela já tinha me contado que, logo que começara a namorar Flávio, ele costumava dizer que iria jogar-se pela janela. Ele ficava dias "largado" na cama, sem comer, só bebendo. Quando isto acontecia, Clara ficava, como agora, desesperada. Ao longo desses anos em que estavam juntos, Clara tentara, inúmeras vezes, inutilmente, convencê-lo a se tratar.

A *"emergência"* que suscitou minha intervenção, contudo, foi de Clara e não de Flávio. Era ela quem ficara tomada pela angústia, ao ouvir o namorado ameaçar o suicídio.

Ela mesma já tentara se matar algumas vezes, ao longo de sua vida. Tomou, de uma só vez, dezenas de comprimidos de psicotrópicos que seu psiquiatra, na ocasião, lhe receitara. Chegou, também, a pensar em se jogar pela janela de seu apartamento.

Lembrando-lhe esses fatos, perguntei a Clara se Flávio seria tão parecido com ela. Se, como ela, nas ocasiões em que pensara em se matar ou tentara fazê-lo, ele não tinha ninguém com quem conversar.

Clara voltou a me contar sobre seus próprios momentos de desespero. Pôde distinguir-se de Flávio e concluir que, de sua parte, ela tinha feito o máximo para ajudá-lo. Se ele não queria aceitar a intervenção de um profissional, o melhor que ela poderia fazer seria ouvi-lo e dizer-lhe que podia contar com ela.

Uma vez avaliado o risco e estabelecidas as medidas diante do que pode emergir como ameaça ao corpo, fica a questão: Quem demanda na urgência? Qual é nosso principal objeto de trabalho? A resposta a essas perguntas vai nos orientar quanto à intervenção a ser feita com relação ao sujeito.

Veremos, no relato do próximo caso, como podemos encontrar o sujeito **na** urgência e o sujeito **da** urgência.

"Caso Erika"

Em uma passagem de plantão, em um serviço público de pronto-atendimento psiquiátrico, no qual trabalhava um dia por semana, passaram-me o "caso" de D. Erika. Tratava-se de uma senhora de aproximadamente 65 anos de idade, cujo período de estada nessa instituição estava terminando. Já se encontrava lá há dois dias e a norma do estabelecimento era de uma permanência máxima de 72 horas por paciente.

Meus colegas, dos plantões anteriores, fizeram a hipótese diagnóstica de "quadro catatônico", pois Erika não emitira nenhum som, nem esboçara nenhum movimento desde que dera entrada naquele serviço. As enfermeiras tentaram, até à força, introduzir algum alimento ou líquido em sua boca e ela a mantinha tenazmente fechada. Tentaram medicá-la de várias formas, mas parecia que "nada fazia efeito". A conduta proposta para o encaminhamento do "caso" era a de se conseguir uma remoção para uma internação prolongada em algum outro estabelecimento psiquiátrico.

Após resolver algumas situações prementes no início daquela jornada de trabalho, resolvi ir ver D. Erika. Li seu prontuário. Só dizia que havia sido trazida pela Polícia e que não conseguiram obter nenhum dado de anamnese (história), pois a paciente não falava.

Coloquei-me ao lado da maca em que ela estava deitada e fiquei observando-a por um longo período. Ela não esboçava nenhum movimento, nenhuma mímica. Mantinha-se com os olhos abertos, fixos em algum lugar no horizonte. Pálida, parecia realmente uma *estátua de cera, tal qual são descritos os indivíduos em estado catatônico (rigidez cérea) nos compêndios de psiquiatria.*

Após algum tempo observando-a, entretanto, ela começou a inspirar-me pena. Por trás daquela imobilidade, vislumbrei algo que parecia uma profunda tristeza. Senti vontade de pegar em sua mão. Estava fria. Fiquei acariciando-a, até que percebi uma lágrima formando-se no canto de seus olhos. Continuei com sua mão entre as minhas e perguntei por que ela estava tão triste.

Nesse momento, começava a aparecer o sujeito **da** urgência. Deixava de ser um mero sujeito **na** urgência: apenas um objeto de hipóteses diagnósticas e de várias tentativas terapêuticas infrutíferas, das quais não participara. Por meio da emergência de um sentimento, externado por sua lágrima, D. Erika se transformava em uma pessoa, que tinha características e sentimentos próprios a serem pesquisados e compreendidos.

A urgência de um sujeito tem a ver com sua abolição enquanto tal, enquanto sujeito da linguagem, porém fora do discurso, distanciado de uma instância simbólica que o normatize (Casaburi, 1994, p. 74).

A intervenção na urgência, como exigência peremptória de resolver o insuportável da doença, da loucura, da vivência de despedaçamento e de morte, obriga à emergência da subjetividade, oferecendo a possibilidade da simbolização do traumático para que se ligue a novas palavras.

"Caso Erika" – parte 2

Depois de um longo silêncio, ainda chorando, Erika começou a balbuciar alguns sons. Tinha um forte sotaque estrangeiro e articulava as palavras com grande dificuldade. Parecia sem forças para falar. Demorei a conseguir entender o que tentava dizer.

Contou que era polonesa e veio para o Brasil havia 40 anos, fugindo com o marido da guerra (Segunda Guerra Mundial). Tentaram a vida na zona rural do Paraná. Mudaram-se, depois, para São Paulo, onde o marido trabalhou como empregado em pequenas oficinas. Não tiveram filhos. Não tinham um convívio social constante, nem laços de amizade na cidade, devido às frequentes mudanças de domicílio, que foram obrigados a fazer por motivos econômicos.

Um dia, como era seu hábito, saiu pela manhã para comprar o pão e, ao retornar, encontrou o marido ainda dormindo. Estranhou o fato pois, apesar de desempregado, costumava levantar-se cedo e arrumar alguma coisa para fazer na casa. Consertava algum eletrodoméstico ou algum móvel quebrado, regava as plantas ou fixava alguma cortina que estivesse querendo cair...

Ao ir verificar o que se passava, achou que ele não se levantara por estar muito frio e começou a cobri-lo e a tentar aquecê-lo. E assim ficou até a Polícia chegar.

Finalmente, D. Erika conseguiu me dar o número do telefone de uma vizinha. Essa contou ter deixado de ver D. Erika por vários dias. Começaram a sentir um mal cheiro exalando daquele apartamento.

Bateram à porta e chamaram pelos moradores, em vão. Resolveram, então, chamar a Polícia que precisou arrombar a porta.

Quando, finalmente, conseguiram entrar, encontraram D. Erika com o corpo do marido nos braços, todo enrolado em cobertores, já em estado de decomposição.

Tanto os vizinhos quanto os policiais tentaram conversar com D. Erika que só dizia: "Ele está com muito frio... preciso esquentá-lo...". Depois que a separaram do corpo do marido, ela não emitiu mais nenhuma palavra.

Salomón (1994) acredita que o médico, na urgência, tem coisas por fazer. Tenta um tratamento para restabelecer no paciente um estado prévio. O sintoma é nomeado e classificado. Dá-se uma resposta ao sintoma. O terapeuta, por outro lado, confronta-se com coisas por dizer, com a ordem do não dito. Com isso, introduz novamente a dimensão e a consideração da causa.

No *Projeto*, Freud (1950 [1895], capítulo 11) chama de necessidade a um primeiro momento mítico no qual o sujeito humano sente algo que lhe é estranho (a fome, por exemplo) – como se adviesse de outro lugar – que lhe produz dor, que o sobrepuja em sua própria dimensão. É então que esse indefeso "animal" humano profere seu primeiro grito. A esse primeiro momento mítico, se seguirão outros que serão demandas, não apenas de alimento, mas também de amor. A demanda introduz o sujeito na ordem do simbólico.

É nesse estado indefeso, no mais absoluto desamparo, no qual, muitas vezes, chega ou é trazido um paciente. Será, então, por meio da demanda a forma pela qual o sujeito se vinculará ao terapeuta. E a possibilidade, para o sujeito, de que a necessidade se transforme em demanda só ocorre por via da linguagem (p. 47-48).

D. Erika nos mostrava, por meio de sua imobilidade, "fazendo-se de morta", sua recusa em "viver" a morte do marido. Era dessa forma que conseguia "expressar" seu sofrimento. Só quando conseguiu colocá-lo em palavras, porém, pôde ser feita uma intervenção que lhe proporcionou uma alternativa à mera atuação de sua dor.

Sua vizinha mostrou-se muito solícita. Ajudou-a a voltar para casa e ofereceu-lhe o apoio necessário para que se reorganizasse daí para frente.

Objetivos e duração do tratamento

Segundo Bellak & Small (1969), a psicoterapia de emergência é um método de tratamento para *sintomas* ou *desadaptações* que exigem o alívio mais rápido possível devido à sua natureza perigosa ou destrutiva. O objetivo da psicoterapia de emergência limita-se a eliminar ou reduzir um sintoma determinado; não se propõe a uma reconstituição da personalidade. Sua orientação *dirigida-ao-sintoma* tenta melhorar a situação psicodinâmica individual o suficiente

Emergências psiquiátricas: uma abordagem psicanalítica

para permitir que a pessoa siga funcionando, possibilitando que a "natureza" continue o processo de cura. E, nos casos indicados, aumentando a capacidade de autoapoio do indivíduo o suficiente para que ele possa continuar uma psicoterapia mais prolongada (p. 14).

Alcançar um equilíbrio quando este esteve perturbado, ainda que só por um curto período, proporciona ao sujeito o conhecimento de que ele pode melhorar. Oferece-lhe uma motivação para lutar. Para muitas pessoas, uma psicoterapia relativamente limitada pode ser suficiente para ajudá-las a chegar a determinado ponto a partir do qual podem continuar uma melhoria autônoma.

Nos atendimentos de emergência, a dor e o perigo aos quais se expõe o paciente requerem que a intervenção seja imediata. Deve-se oferecer algum grau de alívio tão rápido quanto possível, com frequência, em um primeiro atendimento. A duração deste tipo de tratamento fica, geralmente, delimitada pela própria situação.

Foi assim com João, aquele rapaz que tinha subido ao telhado do pavilhão do hospital psiquiátrico. Não tínhamos como esperar que o paciente decidisse se submeter a um processo psicoterápico, quando estava à beira do telhado, a sete metros de altura, ameaçando, a todo instante jogar-se. O problema tinha que ser resolvido ali mesmo, naquela hora.

O principal, em um atendimento de emergência, é propiciar as condições necessárias para que o paciente coloque sua problemática. O fato de fazer perguntas a respeito de sua história de vida e dos fatores que desencadearam a crise atual é, em geral, sentido pelo sujeito como um interesse do terapeuta em relação a sua pessoa. O próprio ato de falar, em muitos casos, já proporciona um alívio ao indivíduo e evita ou, ao menos, posterga atuações que lhe seriam muito prejudiciais.

Seja qual for o estado do paciente, ele deve ser sempre escutado. Com a oferta da escuta, cria-se a demanda. Descobrindo que existe alguém que esteja interessado em ouvir e entender sua problemática, o sujeito, normalmente, se dispõe a falar para ser ajudado.

Lemos & Russo (1994), pensam a questão da urgência a partir da concepção de Lacan dos três tempos lógicos: ver, compreender, concluir. Eles afirmam que o tempo de compreender, na urgência, não existe. Só há um presente real que é vivenciado como eterno pelo sujeito.

Exposto a uma situação traumática ou vivendo algum momento em que lhe é impossível encontrar sentido naquilo que se passa consigo, o indivíduo apenas sente angústia. Não consegue relacionar essa angústia com o fator que a desencadeou. Esse sujeito se encontra em um momento de suspense, até podermos instaurar isto que está presente, à vista (para nós), que, porém, não faz metáfora (não se conecta a significado algum) para ele.

O material não significado está incluído no discurso como um dado qualquer, mas não foi compreendido, não se processou. Houve um salto do ver ao concluir. Ali, o terapeuta deve escutar para remeter esse significante ao sujeito, colocando-o ante aquilo que ele expulsou (recusou). Se abrirá, assim, a possibilidade de compreender e de elaborar, como possível alternativa ao *acting-out*.

Se a urgência é a passagem do instante de ver ao momento de concluir, devemos remeter o sujeito a interrogar-se e a abrir um parêntese para introduzir o tempo de compreender e, desde aí, apontar ao dizer (p. 66-70).

Esta é a marca diferencial entre a resposta médica e a psicanalítica aos sofrimentos psíquicos. O médico é aquele que detém o saber sobre o corpo e o sofrimento alheio. O psicanalista é o que pesquisa, junto com o paciente, as causas, as origens de seu padecer.

Condutas fundamentais na terapia de emergência

As condutas fundamentais que proponho para o tratamento em psicoterapia de emergência derivam da compreensão do desenvolvimento e comportamento humano normal e patológico contidos na psicologia psicanalítica.

Para tanto, pontuarei alguns conceitos da teoria freudiana que me parecem mais operativos para a compreensão dos sintomas e a eleição das intervenções.

A) Determinismo psíquico

A estrutura teórica da psicanálise baseia-se na suposição da existência de um determinismo psíquico, de conexões causais que atuam inconscientemente. O terapeuta deve partir da premissa de que cada ato e cada sintoma têm uma ou, frequentemente, mais de uma causa (sobredeterminação). Procuramos, portanto, os fatores precipitantes nas situações recentes e as causas subjacentes no passado histórico, ambos no que concerne àquele indivíduo, ao seu meio cultural e a sua situação econômica e social. O estabelecimento da causalidade indicará a escolha do tipo de intervenção a ser feita.

B) Interpretação

A técnica da interpretação, consideravelmente modificada pela premência da situação, junto com a análise da transferência são os principais instrumentos de trabalho. Isto, em paralelo às outras intervenções que se façam necessárias: médicas, medicamentosas, familiares, institucionais, ambientais...

A interpretação está no centro da doutrina e da técnica freudianas. Refere-se, na investigação analítica, ao destaque dado ao sentido latente (conteúdo inconsciente do material manifesto) existente nas palavras e nos atos de um indivíduo.

A interpretação não abrange o conjunto das intervenções do terapeuta (como, por exemplo, o encorajamento a falar, a tentativa de tranquilizar, a explicação de um mecanismo ou de um símbolo, as injunções, as construções[1] etc.), ainda que estas possam assumir um valor interpretativo.

C) Transferência

O manejo da transferência é uma das questões mais complexas no atendimento às emergências. Nos deteremos, portanto, um pouco mais neste conceito.

A transferência na situação de crise

Em um atendimento inicial a um indivíduo em crise, o terapeuta deve estar alerta ao papel da transferência e dominá-la desde o primeiro momento de contato com o paciente.

Transferência designa, em psicanálise, o processo pelo qual os desejos inconscientes se atualizam sobre determinados objetos (de investimento afetivo) no quadro de um certo tipo de relação estabelecida com eles e, eminentemente, no quadro da relação analítica. Trata-se de uma repetição de protótipos infantis vivida com uma sensação de atualidade acentuada (Laplanche & Pontalis, 1986, p. 668-669).

Quando se fala da repetição, na transferência, de experiências do passado, das atitudes para com os pais etc.,

---

[1] Elaboração de hipóteses com relação a experiências passadas do sujeito (principalmente de sua história infantil), baseadas em eventos e fantasias relatados pelo paciente, com o objetivo de reconstruir lacunas de sua história de vida.

essa repetição não deve ser tomada em um sentido realista que limitaria a atualização a situações efetivamente vividas.

Por um lado, o que essencialmente é transferido é a realidade psíquica, ou seja, mais profundamente, o desejo inconsciente e as fantasias a ele relacionadas. Por outro lado, as manifestações transferenciais não são repetições ao pé da letra, mas equivalentes simbólicos do que é transferido. São restos das relações intersubjetivas da infância, reais ou fantasiosas, que vão de novo manifestar-se na relação terapêutica.

Pela própria configuração que esta propõe, em que alguém se coloca no lugar daquele que tem algo a oferecer ao paciente, que pode aliviar seu sofrimento, instaura-se uma relação assimétrica. O terapeuta abre, com isso, a possibilidade de que o paciente transfira, para essa nova relação, sentimentos e vivências relativos a experiências, fantasias e sentimentos que ele teve com quem cuidou dele no passado e, principalmente, em sua infância.

Para pensar o trabalho com as emergências, usarei a palavra *transferência* para designar a totalidade da relação que se estabelece entre paciente e terapeuta.

Considero uma transferência positiva essencial para o sucesso de uma intervenção em situações de emergência. É fundamental que o paciente sinta o interventor como uma pessoa agradável, confiável, compreensiva e condescendente. O indivíduo deve, ao menos, ter esperanças de que o terapeuta possa ajudá-lo. Isto facilitará o desenvolvimento da confiança do doente, para que possamos obter todas as informações necessárias à elaboração de uma hipótese diagnóstica e de uma estratégia de intervenção. Uma postura fria, distanciada ou excessivamente "profissional" pode criar resistências[2] que, em uma emergência, não temos tempo para trabalhar.

Expressões como: "Percebo seu sofrimento."; "Esse tipo de situação que você está vivendo deve ser realmente insuportável."; "Estou aqui para ajudá-lo." facilitam uma proximidade com o paciente, desde que sejam colocações sinceras por parte do profissional.

"Caso João" – parte 2

Havia um determinismo na cena que João estava protagonizando. Ele apresentava aquele sintoma (que se expressou em forma de ato) porque seus desejos e sua subjetividade não estavam sendo levados em consideração: disse que não ia comer "aquela lavagem" que estavam tentando fazê-lo engolir.

À parte da realidade ou da verdade incluída em sua fala (a comida do hospital era mesmo muito ruim), sua reação foi exagerada e inadequada. João poderia ter ido reclamar da comida na reunião de pavilhão, local designado para se colocarem as questões e queixas com relação à estada dos pacientes naquela clínica. Poderia ter solicitado a algum familiar que lhe mandasse comida, como outras pessoas ali internadas faziam. Teria outras formas de reagir a uma

---

[2] Resistência refere-se a todos os atos ou palavras que o paciente usa para se opor ao acesso ao seu inconsciente.

122 COLEÇÃO "CLÍNICA PSICANALÍTICA"

frustração, não apenas por meio de uma atuação na qual punha sua vida em risco.

Isto me fez pensar que essa situação poderia estar relacionada a alguma transferência (uma repetição de algum protótipo infantil relacionado a suas relações de objeto) que estivesse em jogo entre o paciente e a instituição (hospital psiquiátrico) ou algum representante desta.

Quando contou que morava com a mãe e que esta sempre o obrigava a comer aquilo que não lhe apetecia, fiz a hipótese de que ele estava transferindo para a enfermeira, responsável por ele no hospital, afetos que existiam em sua relação com a mãe. Ele só podia tentar se liberar, até então, de sua simbiose com a mãe-enfermeira por meio de atos concretos, como parar de comer ou ameaçar se matar.

Naquele momento, porém, ele era incapaz de ter consciência deste seu conflito: permanecer em uma relação de dependência em que obtinha satisfações narcísicas[3] ou ir em busca de uma individuação, que lhe proporcionaria a liberdade de fazer escolhas e de ter realizações próprias.

Em uma terapia clássica, o terapeuta não mandaria buscar uma refeição do agrado de seu cliente. Isto poderia passar por uma "atuação" do profissional, uma tentativa de sedução.

---

[3] Satisfações narcísicas referem-se a vivências muito primitivas do sujeito em sua relação com a mãe (ou quem exerce essa função junto a ele), em que a mãe é tida como uma parte do próprio indivíduo e está aí para completá-lo e preencher suas necessidades.

Em uma situação de emergência, no entanto, atos como este podem ser usados no lugar de intervenções verbais e terem efeitos interpretativos.

Tanto a interpretação quanto a análise da transferência são utilizadas, aqui, de modo diferente do que na psicanálise clássica. Nas terapias de emergência, o terapeuta deve apresentar-se como uma pessoa benigna, interessada, disponível e participante. Na medida do possível, evita-se a instauração de uma transferência negativa[4]. Se esta ocorre, só deve ser trabalhada à medida que possa relacionar-se a outras manifestações ou quando se interpõe no caminho do processo terapêutico (Bellak e Small, 1969, p. 17).

Quando mandei buscar o café com leite e o pão com manteiga que João solicitara, mostrei-lhe que eu levava em conta seus desejos. Não precisaria, portanto, identificar-me com a mãe-hospital-enfermeira que decidia por ele o que ele deveria querer ou gostar. Ofereci-lhe, por meio desse meu ato, a condição de estabelecer uma transferência positiva comigo, ao contrário do que se dera com a enfermeira.

A psicoterapia de emergência é uma aplicação sobreinvestida da psicoterapia tradicional. É usada em situações especiais de crise e de exigência que impõem vitalidade devido à situação vital do paciente e ao meio pelo qual se oferece o tratamento.

---

[4] Transferência negativa diz respeito à atualização, na relação terapêutica, de conteúdos psíquicos inconscientes do paciente que apresentam sentimentos de cunho hostil, em oposição ao conceito de transferência positiva, que se refere à atualização de conteúdos em que se evidenciam sentimentos ternos.

Não é uma terapia fácil. É uma especialidade para o profissional experiente, pois requer o uso total e imediato de suas habilidades. O terapeuta tem de estar permanentemente alerta para perceber qualquer comunicação significativa, enquanto, com rapidez, formula os denominadores comuns, preenche os vazios das partes omitidas e, quase simultaneamente, tem de propor a intervenção mais apropriada a sua avaliação das forças, circunstâncias da vida real e condições do paciente.

Na psicoterapia rápida, o terapeuta não tem tempo de esperar que se desenvolva o *insight*[5], tem de criá-lo. Não tem como aguardar pela elaboração, deve estimulá-la. Quando esses aspectos básicos do processo terapêutico não ocorrem, tem de inventar alternativas (Bellak & Small, 1969, p. 9).

Por outro lado, não cabe ao terapeuta ter "a resposta" com relação à vida daquele que lhe pede ajuda. Pode pensar junto com ele. Estimulá-lo a formular suas perguntas ou encontrar suas próprias soluções.

"Ao persuadir o outro de que tem o que pode completar-nos, nos asseguramos de poder continuar desconhecendo o que nos falta...", dizia Lacan (citado por Ruiz, 1994, p. 91).

Como intervir, então, sem que uma resposta seja um elo nessa cadeia de imediatismo? Perguntar-nos pela urgência coloca-nos diante de um sofrimento que, seja expresso em palavras, em silêncio ou em atos, nos aponta para uma falha significativa: um ato falho, um elo que falta na estrutura da

---

[5] Compreensão, por parte do paciente, da origem de determinado sintoma psíquico.

Emergências psiquiátricas: uma abordagem psicanalítica   125

linguagem. Está aí, nesse intervalo, o lugar do desejo. É a partir daí que o terapeuta deve trabalhar para remeter seu paciente a um "para além" na sua fala.

O analista, na urgência, poderá intervir sempre e quando o ato que traz o sujeito tenha o valor de um ato falho. Ato falho por ter falhado e por ser formação do inconsciente (Salomón, 1994, p. 48).

Querer dar uma resposta imediata que aplaque a urgência, sob a égide do desejo de curar e de fazer o bem, privaria o terapeuta de escutar. Isto o colocaria na posição daquele que é obrigado a saber a resposta ao invés de ser aquele que deve ajudar a gerar a pergunta. Contribuiria, com isso, para obturar a possibilidade de o sujeito advir. O paciente ficaria no lugar de objeto, sem poder perguntar-se, já que as respostas estão no Outro (o detentor do saber). Não se trata, portanto, de responder ao pedido, mas de abrir lugar à palavra e permitir, com isso, o surgimento de uma pergunta do sujeito. (Petracci & Prodan, 1994, p. 120)

A utilização da contratransferência na terapia de emergência

Freud (1910) designou como contratransferência a "influência do doente sobre os sentimentos inconscientes do médico". Seria o conjunto das reações inconscientes do terapeuta à pessoa do paciente e, mais particularmente, à transferência deste.

Depois de Freud, passou-se a valorizar cada vez mais a contratransferência, à medida que o tratamento psicoterápico é compreendido e descrito como relação. Com a extensão da psicanálise a novos campos (análise de grupos, de crianças e de psicóticos), em que as reações inconscientes do terapeuta podem ser mais solicitadas, a atenção aos efeitos contratransferênciais no tratamento assumiu um lugar privilegiado. Começou a utilizar-se, controlando-as, as manifestações contratransferênciais, como sugeria Freud (1913): "... todos possuem, em seu próprio inconsciente, um instrumento com que podem interpretar as elocuções do inconsciente das outras pessoas".

Ao observar Sueli pela primeira vez, passou-me pela cabeça: "lembra uma garota de programa". Primeiro, senti repulsa mas, depois, fiquei com pena. Parecia-me muito envergonhada de sua aparência.

Quando vi sua mãe, pensei: "Ela parece uma prostituta, mas não se envergonha disto". Não me causou nenhum asco ou pena. Ela parecia tranquila dentro da própria pele.

Foi o fato de ter consciência dos efeitos que essa dupla causou em mim que me permitiu fazer a hipótese de que, apesar da aparente semelhança entre mãe e filha, havia alguma tentativa de discriminação por parte da paciente designada. Com isto em mente, me propus a ouvir a subjetividade de Sueli. Tentei evidenciar em sua fala aquilo que ela mostrava por meio de sua postura, mas não tinha condições de pôr em palavras.

Passou-se da mesma forma com D. Erika. Apesar de vários colegas afirmarem tratar-se de um quadro catatônico, em que provavelmente só a eletro-convulso-terapia (eletrochoque) poderia ter algum resultado, levei em conta a tristeza que senti ao estar com ela e a impressão de que a morte a rondava.

Partindo desta percepção (totalmente subjetiva, pois ainda não tinha conversado nem com ela, nem com sua vizinha), me permiti pegar em sua mão e acariciá-la. Mostrei-lhe, dessa forma, por meio de um ato (que assumiu um valor interpretativo), que eu percebia sua tristeza. Quando D. Erika pôde deixar escorrer sua primeira lágrima, confirmando minha sensação, achei que tínhamos dado mais um passo em nossa comunicação, que vinha se mantendo silenciosa até então. Estimulada, provavelmente, pela percepção de que, talvez, eu pudesse entender e ajudá-la a compreender o que se passava com ela, a paciente deixou de "fazer-se de morta". Nesse momento, acreditei que, junto comigo, ela poderia tentar conectar aquilo que ela vinha recusando, cujo sentido lhe escapava e que ela não podia inserir em sua história. Já podíamos conversar usando palavras, não apenas atos. Instiguei-a, então, a falar de sua tristeza...

Freud (1910) sublinha que nenhum terapeuta é capaz de tratar de seus pacientes adequadamente se, primeiro, não conhecer a si mesmo. Isto implica na necessidade de o terapeuta submeter-se a uma análise pessoal. Só conseguimos trabalhar com as reações que sentimos ou vivemos na relação com nossos clientes quando temos consciência de suas ressonâncias em nós.

Agora que um considerável número de pessoas está praticando a psicanálise e, reciprocamente, trocando observações, notamos que nenhum psicanalista avança além do quanto permitem seus próprios complexos e resistências internas; e, em consequência, requeremos que ele deva iniciar sua atividade por uma autoanálise e levá-la, de modo contínuo, cada vez mais profundamente, enquanto esteja realizando suas observações sobre seus pacientes.

A transferência na instituição, na situação de emergência

Estendendo-se o conceito de transferência para a situação institucional, podemos pensar as relações que se estabelecem entre: o paciente e a instituição; o (s) profissional (ais) e a instituição; os profissionais, dentro de uma determinada instituição; instituições de diferentes âmbitos.

Parte-se da premissa que um material psíquico (geralmente inconsciente), quer seja de algum paciente, quer seja de quem ali trabalha, provoca repetições que se evidenciam nos mecanismos de funcionamento daquela instituição. Seria algo similar ao que foi descrito com relação à *estrutura familiar inconsciente*, transposto para a vida institucional. Poderíamos fazer uma metáfora, apelidando a transferência institucional de *estrutura institucional inconsciente*.

Baremblitt, em seu *Compêndio de análise institucional*, descreve o conceito de *transferência institucional* da seguinte forma:

"Em geral, entende-se por *transferência* um conjunto de processos repetitivos conscientes, pré-conscientes e inconscientes que se dão na subjetividade 'individual' e 'coletiva'.

O que se repete são pulsões, desejos, demandas, fantasmas, papéis, pautas comunicacionais, estereótipos gestionários, estruturas e até complexos destinos organizacionais." (p. 194).

"Caso João" – parte 3

Quando me chamaram para atender João, apesar de a enfermeira dizer que ele era muito dócil e que nunca mostrara nenhum sinal de agressividade, senti um "frio na espinha" ao vê-lo dependurado naquele beiral. Era um sujeito esquelético, estava bastante descorado, mesmo tendo ficado exposto ao sol, àquela altura, por várias horas. Sua voz era fraca: eu mal podia ouvi-lo. Era evidente que ele não vinha se alimentando adequadamente há um bom tempo.

Não tive dúvidas de que, se alguém não reconhecesse rapidamente seu direito à vida (no sentido pleno do termo: com direito à liberdade de escolhas e de desejos), ele realmente se jogaria de lá de cima.

Fiquei com muita raiva tanto da enfermeira que tentara "fazê--lo engolir aquela lavagem", quanto do hospital que só tinha aquela porcaria de comida para oferecer aos pacientes (e aos funcionários, pois nós também comíamos lá).

Pensei comigo mesma: "Que droga! Além de ganhar mal nesta clínica miserável, comer esta porcaria de comida, ainda vou ter de perder meu tempo indo à delegacia prestar depoimentos sobre um suicídio? Eles (a diretoria do hospital) vivem dizendo que não dá para melhorar as condições nem para os pacientes nem para os funcionários porque o INSS paga mal e atrasa. Ficam jogando a culpa para frente e ninguém faz nada! E os coitados dos pacientes é que acabam 'pagando o pato'! Este infeliz aí vai acabar morrendo por causa de todo um sistema de saúde falido!".

Tomada por tal indignação, eu estava absolutamente imersa na contratransferência. Identificada com o paciente, eu fiquei, por alguns minutos, impotente diante de uma mãe-enfermeira-clínica--INSS-governo incompetente e incapaz de oferecer uma condição de vida decente, propiciar uma comida saudável e tragável para seu filho-paciente-funcionário-contribuinte-cidadão. Não era capaz, naquele momento, de lembrar que eu participava de reuniões para reivindicar, à diretoria do hospital, a melhoria da qualidade das condições de trabalho para os funcionários e do funcionamento da clínica, em geral. Esquecera que meu sindicato vinha em uma luta constante pela atualização salarial. Não conseguia pensar que as eleições estavam se aproximando e que eu poderia votar para tentar eleger representantes que atentassem mais para as questões da Saúde. Em suma, naquele instante, eu não podia perceber que era uma pessoa adulta, com meios de lutar pela minha vida e pelos princípios nos quais acreditava. Eu não era uma criança dependente dos cuidados de uma mãe que não reconhecia seus limites (sua castração), impossibilitada de deixar seu filho crescer e fazer suas próprias escolhas.

Foi só quando pude me dar conta disto que consegui entender o que se passava na cabeça de João. Só assim tive condições de intervir na situação de outro modo, diferente da enfermeira. Esta, por seu lado, estava totalmente identificada com a mãe do paciente e com a instituição. Não conseguia perceber que João tinha uma subjetividade própria que precisava ser respeitada. Tomada pela responsabilidade de cuidar de quarenta pacientes, medicando-os, alimentando-os, propiciando sua higiene e fazendo relatórios, essa enfermeira lidava com eles da mesma forma como o fazia aquele hospital e o governo. Era um número grande demais de pessoas para se cuidar, com recursos de menos...

Trabalhando em instituições, estamos sempre sujeitos a enredar-nos nas malhas das transferências que nelas se tecem. Ficar atentos às transferências e às contratransferências institucionais, e àquelas que os pacientes nos suscitam, nos propicia as condições necessárias para impedir-nos de subir ao telhado junto com os pacientes, acreditando que esta é a única forma de resolver situações tão graves, como são estas com as quais nos deparamos em nosso cotidiano, no trabalho com as emergências.

Em situações de crise, em que muitas vezes somos chamados a responder de forma premente, ficamos, muitas vezes, com a impressão de que não temos tempo ou condições de "parar para pensar". Tendo em mente, contudo, a existência da transferência, da contratransferência, da transferência institucional e, principalmente, de nossos próprios recursos e limites pessoais, poderemos tentar encontrar ou criar alguma resposta adequada para cada episódio.

Referências bibliográficas

ASSOCIAÇÃO PSIQUIÁTRICA AMERICANA – DSM-IV: *Manual diagnóstico e estatístico de transtornos mentais*. Porto Alegre, Artes Médicas, 1995.

AULAGNIER, P. *A violência da interpretação*. Rio de Janeiro, Imago, 1979.

BAREMBLITT, G. *Compêndio de análise institucional e outras correntes*. Rio de Janeiro, Rosa dos Tempos, 1994.

BELLAK, L. & SMALL, L. *Psicoterapia breve y de emergencia*. México, Pax, 1969.

BERENSTEIN, I. *Psicanálisis de la estructura familiar*. México, Paidós, 1987.

CALLIGARIS, C. *Invenções para policiar a vida*. Jornal Folha de São Paulo, "Ilustrada", 9 de dezembro de 1999.

CASABURI, G. A. Demanda en la urgencia e urgencia en la demanda. In: *Psicopatologia de la urgencia*. Buenos Aires, Surge, 1994.

COSTA, J. F. *Psicanálise e contexto cultural: imaginário psicanalítico, grupos e psicoterapia*. Rio de Janeiro, Campus, 1989.

DOLTO, F. Prefácio ao livro de MANNONI, M. *A primeira entrevista em psicanálise*. Rio de Janeiro, Campus, 1983.

EY, H.; BERNARD, P. & BRISSET, C. *Manual de psiquiatria*. Rio de Janeiro, Masson, 1981.

FERREIRA, A. B. H. *Pequeno dicionário brasileiro da língua portuguesa.* Rio de Janeiro, Civilização Brasileira, 1960.

FERREIRA, A. J. Mitos familiares. In: *Interaccion familiar: aportes fundamentales sobre teoría y técnica.* Buenos Aires, Tiempo Contemporáneo, 1974.

FREUD, S. *Edição Eletrônica Brasileira das Obras Psicológicas Completas de Sigmund Freud.* Rio de Janeiro, Imago.

——————. (1950 [1895]) *Projeto para uma psicologia científica. Op. cit.* v.1.

——————. (1901) *Sobre a psicopatologia da vida cotidiana. Op. cit.* v.6.

——————. (1910) *As perspectivas futuras da terapêutica psicanalítica. Op. cit.* v.11.

——————. (1913) *A disposição à neurose obsessiva. Op. cit.* v. 12.

——————. (1913-1914) *Totem e tabu. Op. cit.* v.13.

——————. (1917 [1915]) *Luto e melancolia.Op cit.* v.14.

——————. (1920a) *Além do princípio do prazer. Op. cit.* v.18.

——————. (1920b) *A psicogênese de um caso de homossexualismo numa mulher. Op. cit.* v.18.

——————. (1921) *Psicologia de grupo e a análise do Ego. Op. cit.* v.18.

——————. (1924) *A perda da realidade na neurose e na psicose. Op. cit.* v.19.

——————. (1930 [1929]) *O mal estar na civilização. Op. cit.* v.21.

——————. (1940 [1938]) *Esboço de psicanálise. Op. cit.* v.23.

——————. (1939 [1934-38]) *Moisés e o Monoteísmo. Op. cit.* v.23.

EMERGÊNCIAS PSIQUIÁTRICAS: UMA ABORDAGEM PSICANALÍTICA

FUKS, L. B. A insistência do traumático. In: Fuks, L. B. & Ferraz, F. C. *A clínica conta histórias*. São Paulo, Escrito, 2000.

FUKS, M. P. Mal-estar na contemporaniedade e patologias decorrentes. In: *Psicanálise e Universidade*, n. 9 e 10, São Paulo, Educ, 1999.

GALENDE, E. *Psicoanalisis y salud mental*. Buenos Aires, Paidós, 1990.

GREEN, A. *La nosographie psychanalytique des psychoses*. Informe apresentado no Colóquio Internacional sobre psicoses. Montreal, 1969.

LAPLANCHE, J. & PONTALIS J.-B. *Vocabulário da psicanálise*. São Paulo, Martins Fontes, 1986.

LEMOS, L. & RUSSO, L. Urgencia del cuerpo y urgencia del sujeto. In: *Psicopatologia de la Urgencia*. Buenos Aires, Surge, 1994.

LIDZ, T. & al. El medio intrafamiliar del paciente esquisofrénico: la transmisión de la irracionalidad. In: *Interaccion familiar: aportes fundamentales sobre teoría y técnica*. Buenos Aires, Tiempo Contemporáneo, 1974.

PETRACCI, S. & PRODAN, I. A. La urgencia: una respuesta ética. In: *Psicopatologia de la urgencia*. Buenos Aires, Surge, 1994.

POSE, J. A. El loco se subió al avión. In: *Psicopatologia de la urgencia*. Buenos Aires, Surge, 1994.

PÉNOT, B. *Figuras da recusa*. Porto Alegre, Artes Médicas, 1992.

ROJAS. M. C. & STERNBACH, S. *Entre dos siglos: una lectura psicoanalítica de la posmodernidad*. Buenos Aires, Lugar, 1994.

ROSENBERG, A. M. S. Dialogando com a psiquiatria: das fobias à síndrome do pânico. In: *Percurso* – ano X, n. 19, 1997.

RUIZ, P. E. Toximanías y urgencia o urgencia toxicómana? In: *Psicopatologia de la Urgencia*. Buenos Aires, Surge, 1994.

SALOMÓN, G. La emergencia en la urgencia. In: *Psicopatologia de la urgencia*. Buenos Aires, Surge, 1994.

SANTA CRUZ, M. A. A clínica e seus efeitos na subjetividade. In: *Subjetividades contemporâneas*. São Paulo, Instituto Sedes Sapientiae, 1997.

SELIGMANN-SILVA, E. *Desgaste mental no trabalho dominado*. Rio de Janeiro, URFJ; Cortez, 1994.

SKIADARESSIS, R. Plenário de apertura. In: *Psicopatologia de la urgencia*. Buenos Aires, Surge, 1994.